I0711785

NEL NOME DI CHI?
Pedofilia e clero:
il caso della Chiesa polacca.

Quando è la Chiesa
a commettere il
CRIMINE!

PSICOVEG
Antonio Arcuri

INDICE

PREFAZIONE

«In verità vi dico: se non vi convertirete
e non diventerete come i bambini,
non entrerete nel regno dei cieli».
Matteo 18, 3

Quando si approccia il tema della pedofilia, inevitabilmente, si va incontro a tutta una serie di difficoltà legate allo statuto assai articolato del fenomeno. Ciò avviene ancor più quando questo tipo di deviazione e di crimine viene contestualizzato ed affrontato in relazione alla sua diffusione in ambito ecclesiastico.

È questo l'aspetto che coraggiosamente analizza Antonio Arcuri in questo studio psicologico tanto approfondito e variegato quanto semplice e diretto.

In questo caso, difatti, non si può prescindere dal fare i conti con l'intreccio paludoso che viene a istituirsi in un circolo, apparentemente senza via d'uscita alcuna, tra sfera del peccato, della colpa e del crimine civile, della responsabilità morale e della patologia.

Accostando, grazie ad una argomentazione fluente, tutti questi ambiti in modo sincronico, la disamina criminologica di Arcuri si integra con l'analisi medica e morale. Le possibili cause e le conseguenze della pedofilia, in quanto deviazione che ha trovato ampia diffusione nell'ambito della Chiesa Cattolica negli ultimi decenni, sono analizzate con cura, tanto che nuovi interrogativi finiscono per abitare la coscienza del lettore.

Per chiarire questi aspetti bisogna tenere in considerazione il modo nel quale l'argomentazione è organizzata e sviluppata. Grazie ad un approccio tanto nosografico quanto documentale e statistico, Arcuri sopravanza il metodo psicologico classico, facendosi artefice di un tentativo archeologico alla Foucault. Qui la storia di una devianza è ricondotta alla molteplicità complessa e organizzata dei discorsi che la riguardano e dei dispositivi sociali che, a diversa guisa, le si applicano[1]. Dispositivi che talvolta promuovono la diffusione di talune pratiche interdicendo e indirizzando, secondo una ben precisa disciplina, la stessa possibilità formale della parola e quella naturale dei comportamenti. Si tratta, in questo caso più che mai, di dirigere lo sguardo verso vaste dinamiche sociali e culturali, anche storicamente e politicamente radicate, dalle quali conseguono disarmonie su disarmonie, che talvolta si perpetuano, in un vortice senza ritorno, anche a seguito di quello che con tutta evidenza si palesa come uno dei peggiori crimini. La visione strettamente criminologica viene così ampliata nel momento in cui ci si imbatte nel periglioso sentiero che attraversa la sfera del "sacro" e l'ambito civico, nella distesa senza tempo che si dispiega tra il segreto ed il silenzio *della* confessione ed il bisogno

---

[1] Ad. es. M. Foucault, *La volontà di sapere*, trad. it. di P. Pasquino e G. Procacci, Feltrinelli, Milano 1993.

evangelico e civile di verità (*Gv* 8, 31-32). Ad un misfatto che pone capo a disequilibri di carattere psichico, morale, spirituale e relazionale non si può rispondere, difatti, mediante l'adozione di un unico punto di vista analitico e descrittivo.

Nuove domande, dicevamo, continuano a risuonare, sottese, in queste pagine: di quale equilibrio naturale dell'affettività e delle pulsioni, oggi compromesso da svianti pratiche morali e sociali di gestione dell'*Eros*, si deve andare in cerca per avviare una fase in cui l'umano, nel suo aspetto più fragile e indifeso, non debba più misurarsi con il tradimento della fiducia riposta nell'altro, nella sua autorità di educatore, e con le conseguenze devastanti del suo abuso?

Il trauma connesso, sottolinea Arcuri, fa in modo che i successivi «tentativi di relazione con le altre persone», per le giovani vittime, «sono filtrati dalle aspettative e dalle angosce elaborate nel corso dell'esperienza traumatica». Da qui si dipartono meccanismi di identificazione e di spersonalizzazione che mettono capo ad una condizione psichica e morale difficilmente gestibile che molti porteranno con sé a lungo. La ferita così inferta nell'intimità più propria, chiede costantemente la riparazione del torto subito nell'instaurazione di una nuova giustizia, capace di scardinare e sopravanzare tanto il circolo perverso del silenzio e dell'incredulità, quanto il calcolo sotteso alla mera riparazione penale o economica.

Ad essere questionata è, ancora una volta, la vera statura di quel Dio di cui si è alla ricerca. L'abisso così dischiusosi, tra il divino e l'umano che ciascuno è, si colloca tra ciò che al primo è stato arbitrariamente tolto ed al secondo negato, a volte per sempre. Il problema del fondamento di legittimità di un ambito sacro, i cui contorni assumono sovente per l'abusato i tratti di un labirinto senza vie di scampo, e la crisi psichica, esistenziale e spirituale che ne consegue, invitano a voler restituire al divino la sua reale inattingibilità e il suo mistero. Ciò proprio nel momento in cui si implora dolorosamente per il ripensamento di un umano in grado di condurre, grazie al percorso arduo della reale conoscenza e della consapevolezza, alla reale figura del "Padre".

Ciò che è avvenuto in ambito ecclesiastico, e in special modo nella Chiesa polacca, ha il sapore dell'esito di una doppia interdizione, cui si accompagna un corto circuito pulsionale sostenuto da strategie devianti. Una morbosa complicità mira a far leva sull'inconsapevolezza del minore proprio a partire dal ruolo d'autorità indiscussa che i religiosi ricoprono grazie alla loro *leadership* spirituale ed educativa.

A riguardo mi piace ricordare una nota formulazione nietzscheana contenuta nella *Genealogia della morale*, laddove il filosofo tedesco a proposito del patologico instaurarsi della "cattiva coscienza" nell'uomo appartenente al piatto ordine socialmente pacificato asseriva: «Tutti gli istinti che non si scaricano all'esterno, *si rivolgono all'interno* - questo è quella che io chiamo *interiorizzazione dell'uomo:* in tal modo soltanto si sviluppa nell'uomo quella che più tardi verrà chiamata la sua *"anima"* [...][2]».

Questo riferimento a Nietzsche, è d'uopo precisarlo, non pretende in questa sede di trarre alcuna conseguenza dal suo presunto anticlericalismo o dalla sua controversa critica del Cristianesimo[3] ma, ermeneuticamente, procede da quello che egli amava definire il progetto di fondazione di una nuova psicologia degli affetti, che non poca influenza avrebbe avuto sulla successiva teorizzazione freudiana[4].

Quali istinti naturali vengono repressi, interdetti, promossi e contemporaneamente gestiti e/o disciplinati nell'instaurazione di un dato ordine civile e sacro al contempo? Potrebbe essere questa la seconda domanda, che ci spinge oltre Nietzsche, in grado di rivelare un *deficit* di base nel modo in cui la società capitalista *post*-moderna ha organizzato in modo "schizofrenico" il proprio modo di rapportarsi alla sessualità ed all'amore in senso lato. Da un lato un mondo religioso, dal quale tutti ereditiamo un certo indirizzo nella percezione morale di noi stessi, che *pro forma* colloca la sessualità legittima unicamente all'interno del vincolo matrimoniale ed a scopo procreativo, dall'altro, i costumi reali

---

[2] F. Nietzsche, *Genealogia della morale. Uno scritto polemico*, trad. it. di F. Masini, Adelphi, Milano 2002, p. 73.

[3] Ho affrontato questi temi nel seguente studio: E. E. Mariani, *Kierkegaard e Nietzsche. Il Cristo e l'anticristo*, Mimesis, Milano-Udine 2010.

[4] Si veda P.-L. Assoun, *Freud e Nietzsche*, trad. it. di A. Fioriti, Giovanni Fioriti, Roma 1998.

affiancati da una massiccia propaganda mass-mediatica che promuove incessanti sollecitazioni volte ad una vera e propria iper-sessualizzazione di ogni possibile contenuto della comunicazione e della forma di qualsivoglia relazione intersoggettiva. Il celibato imposto al clero cattolico, con la mancata conoscenza ed esperienza della sessualità normalmente vissuta che sovente gli si affianca, può rappresentare un ulteriore elemento di rinforzo nel contesto del doppio vincolo socio-pulsionale e cognitivo di cui parliamo.

Probabilmente si tratta di cogliere con coraggio l'occasione dischiusa dalla tragica vicenda degli abusi sui minori. Di ricominciare a pensare, anche in sintonia con lo spirito evangelico delle origini (1 *Tim* 1, 2-5), ad una reale umanizzazione del sacro intesa come vivo processo kenotico, grazie al quale poter dare avvio ad una nuova fase di trasformazione della civiltà occidentale e della chiesa che, di volta in volta, la guida e la rappresenta.

Emanuele Enrico Mariani

INTRODUZIONE

La pedofilia, fino a qualche tempo fa, sembrava un fenomeno isolato e marginale legato al nome di qualche molestatore occasionale.

"Non accettare caramelle da uno sconosciuto" era uno dei moniti che ogni genitore inculcava ai propri figli fin da piccoli per proteggerli da incontri con persone estrenee alla famiglia di cui non si conoscevano le reali intenzioni.

Negli ultimi anni se ne sente sempre più spesso parlare da parte dei mass-media come di un fenomeno in forte ascesa e diffusione che trova le sue cause e diffonde le sue crudeli conseguenze a livello criminale, psicologico, sociale e culturale. In verità più che di un'ascesa del fenomeno si tratta di un aumento della sua conoscenza grazie alla globalizzazione dei mezzi di comunicazione che rendono questa realtà più visibile.

La pedofilia è un fenomeno estremamente complesso e numericamente significativo purtroppo presente in tutti i contesti nei quali siano presenti bambini e adolescenti.

Ma cosa accade se al termine pedofilia accostiamo il temine Chiesa?

Lo scandalo che negli ultimi anni ha colpito la Chiesa cattolica riguardo alle accuse relative ai preti pedofili ha creato un allarme sociale risvegliando l'attenzione sul tema. Uno degli aspetti relativi al fenomeno che più ha sconvolto l'opinione pubblica è che vescovi, arcivescovi e diocesi hanno mantenuto un atteggiamento di ostinato silenzio con il fine di non denunciare e svelare i casi di pedofilia di cui erano venuti a conoscenza. All'occultamento si è aggiunto il fatto che, la pena maggiormente applicata, se di pena si può parlare, è che il religioso accusato venisse semplicemente trasferito da una parrocchia all'altra.

In questo contesto, la reazione sociale è differente da quella suscitata dal caso di pedofilia avvenuto al di fuori dell'ambito ecclesiastico: lo sgomento, la rabbia, l'incredulità, il diniego hanno conseguenze amplificate perché la dimensione terrena si mescola con il sentimento religioso e di fede che vive la popolazione cattolica credente.

Colpevolisti e innocentisti finiscono inevitabilmente per scontrarsi in una guerra di accuse e difese che poco spazio lascia a ciò che davvero conta. Nel mezzo di questo campo di battaglia ci sono giovani vittime abusate, violate e tradite che rischiano di diventare vittime una seconda volta a causa della negazione di ciò che hanno subito per la necessità di difendere interessi più "alti": relazioni ed equilibri intoccabili consolidati da anni che reggono l'intero sistema "Chiesa".

Questo fenomeno di degenerazione e cinica indifferenza nei confronti dei propri fedeli ha evidenziato un'infrastruttura ecclesiastica impregnata di patologie, arroganze e superficialità: una struttura pronta a preferire il carnefice alla vittima, il clero alla comunità laica.

I tentativi di spiegazione tendono di volta in volta a mettere in evidenza singoli aspetti: la repressione e la segregazione sessuale nella Chiesa cattolica, il celibato obbligatorio, l'omosessualità, la sottovalutazione della presenza, nel clero, di soggetti con gravi disagi psicologici e sessuali, lo sviluppo delle nuove tecnologie che promuove la diffusione di materiale pornografico.

Le domande che a vari livelli si pongono toccano diversi aspetti e punti di vista e le risposte sono di conseguenza soggettive e svariate dettate dall'impulso e dal bisogno di condanna o di liberazione.

In questo lavoro cerchiamo di esplorare e capire la realtà di questo tipo di abuso in tutta la sua dura e sconvolgente complessità scavando nella vita delle vittime, dei perpetratori e dei "testimoni silenziosi".

La prima parte è dedicata alla trattazione in generale della pedofilia nel clero e per tale motivo si è provveduto ad una specifica descrizione di alcuni argomenti necessari per la sua comprensione come ad esempio la pedofilia ed il segreto pontificio.

Si è cercato anche di dare una spiegazione alle differenti modalità di condanna del colpevole da parte delle autorità ecclesiastiche e civili arrivando alla conclusione che, per le diverse leggi che regolano il diritto canonico e penale, non si potrà mai applicare una pena che sia equa sia per la giustizia terrena che per quella divina.

Largo spazio troverà invece l'analisi della ricerca del John Jay College of Criminal Justice per cercare di capire la diffusione, le caratteristiche e le possibili cause di questo reato nella società contemporanea dal punto di vista statistico.

Dopo avere descritto gli aspetti generali sarà

interessante e decisamente toccante leggere il racconto in prima persona dei protagonisti di chi tali abusi li ha subiti o perpetrati. Il documentario "Non dirlo a nessuno", che analizza lo scandalo della pedofilia nel clero della Chiesa polacca, è senza dubbio una delle testimonianze più crude ma ben riuscite per rendersi conto della crudeltà di quello che è successo nella vita di questi giovani "traditi" da chi li doveva proteggere e guidare lungo il cammino di crescita. Nelle parole di questi adulti, che raccontano la loro infanzia distrutta, ritroveremo tutti gli elementi descritti e raccolti e la consapevolezza che continuare a negare tale fenomeno, come qualcuno ancora continua a fare, equivale a negare l'innegabile!

Ma cosa succede nella psiche di questi giovani vittime durante e dopo l'abuso? E cosa è successo o succede nelle menti di questi uomini di chiesa che si macchiano di un peccato-reato tanto grave contrario ad ogni legge del Signore? Tutto questo sarà pienamente affrontato nella terza ed ultima parte.

Cosa succede quando la scena del crimine è la Chiesa?

CAPITOLO I – ANALISI DEL FENOMENO

1.1 La Pedofilia.

Il DSM 5 inserisce la Pedofilia tra i disturbi Parafilici[5], una delle 3 macro aree dei disturbi legati alla sessualità.

La Pedofilia è l'attrazione sessuale di un adulto verso un bambino di età inferiore ai 13 anni. Il DSM V prevede che l'individuo abbia almeno 16 anni di età e che viva eccitazione sessuale ricorrente e intensa manifestata attraverso fantasie, desideri o comportamenti per un periodo di almeno sei mesi. Le sue attenzioni devono riguardare un bambino in età prepuberale o bambini (minori di 12 anni) che abbiano una differenza di almeno 5 anni rispetto all'abusante. L'individuo deve avere messo in atto questi desideri sessuali oppure questi desideri o fantasie creano marcato disagio o difficoltà interpersonali.

È utile ricordare alcune differenze:

a) "nefiofilia" o "infantofilia" è l'attrazione sessuale per i neonati o i bambini fino a 5 anni;

b) "pedofilia" è l'interesse sessuale per i bambini pre-puberi che sono generalmente quelli al di sotto degli 11 anni;

---

[5] Con il termine parafilia si intende qualsiasi intenso e persistente interesse sessuale diverso dall'interesse per la stimolazione genitale o i preliminari sessuali con partner umani fenotipicamente normali, fisicamente maturi e consenzienti.

c) "efebofilia" è l'attrazione per gli adolescenti maschi puberi tra gli 11 e i 14 anni;

d) "ninfofilia" è l'attrazione per le adolescenti femmine puberi tra gli 11 e i 16 anni.

Alcuni pedofili si fermano alla sola esposizione dei genitali o allo strusciamento con il minore, lo accarezzano o lo spogliano. Altri pedofili invece arrivano al contatto genitale o a rapporti orali, genitali e anali.

I pedofili mostrano un interesse minimo o assente per gli adulti del sesso opposto ed un interesse prevalente ed esclusivo per i prepuberi di entrambi i sessi.

Il termine pedofilia viene spesso confuso con quello di molestia e abuso sessuale. In verità il "child molester", contrariamente al pedofilo, preferisce partner adulti e si rivolge ai bambini in modo opportunistico per approfittarne solo perché sono più vulnerabili.

Un'ulteriore distinzione è quella tra disturbo pedofilico ed interesse pedofilico: se sono presenti solo fantasie erotiche su bambini e tali fantasie non vengono messe in atto si parla di "interesse" altrimenti si parla di "disturbo".

I pedofili sono quasi tutti maschi e l'età media è di circa 37 anni.

La maggior parte dei maschi adulti che molesta maschi giovani non è omosessuale però gli omosessuali sono tre volte più propensi ad essere pedofili rispetto agli omosessuali.

I pedofili presentano spesso altre parafilie come il voyerismo o l'esibizionismo e possono presentare disturbi depressivi, bipolari e d'ansia.

Per quanto riguarda l'ambito strettamente legato alla pedofilia nel clero occorre precisare che ci troviamo di fronte ad un "abuso istituzionale" cioè a quell'abuso messo in atto da medici, infermieri, allenatori, maestri, bidelli, educatori, assistenti, religiosi cioè da individui che interagiscono con il bambino per motivi di cura, educazione, custodia e tempo libero.

I religiosi, al contrario dei sex offender comuni che presentano tratti anti-sociali, sono "opportunisti provocati" ossia reagiscono con maggiore reattività agli stress emotivi e situazionali ma compiono un numero inferiore di crimini.

1.2 Diffusione dello scandalo della pedofilia nella Chiesa.

Per la natura del problema non esiste una data precisa di inizio del fenomeno: probabilmente si perde indietro nel tempo con la storia della Chiesa stessa: nel Medioevo, per esempio, si diffusero dicerie e novelle satiriche sulla sodomia praticata dai frati e dai preti sui piccoli chierici e cantori.

In un periodo più recente possiamo fare riferimento allo scandalo avvenuto ad Henry, in Louisiana, nel 1983, quando Padre Gilbert Gauthe fu accusato di molestie. Il caso racchiudeva in sé tutti gli elementi che avrebbero in seguito caratterizzato la crisi della Chiesa cattolica: l'estenuante ripetizione di un paradigma di perpetrazione e occultamento.

L'opinione pubblica ha reagito cominciando a chiedere conto dei reati commessi dai sacerdoti e della complicità dei superiori ed anche i mass-media, una volta sordi e ciechi davanti alle debolezze della Chiesa, hanno iniziato a seguire queste vicende dando la giusta e meritata rilevanza e conoscenza mediatica.

Nel 1992 la Conferenza dei vescovi cattolici degli Stati Uniti, per cominciare a far fronte in qualche modo al problema, ha elaborato "i Cinque Principi" cioè delle direttive che sollecitavano una maggiore sensibilizzazione nei confronti delle denunce di abuso, una pronta risposta alle accuse, la rimozione dal ministero dei preti coinvolti ed il loro inserimento in attività di valutazione e riabilitazione, il rispetto della normativa civile ed il sostegno alle vittime e alle loro famiglie.

Nel 1999 il cardinale Thomas Plante aveva curato un volume che spiegava la complessità degli intrecci di seduzione, potere e colpevolezza che l'abuso da parte dei preti metteva in campo sulle singole realtà[6].

Nel 2002, *Annus Horribilis*, la diga che proteggeva gli scandali sessuali nella Chiesa ha ceduto e le denunce delle violenze sessuali all'interno della Chiesa Cattolica hanno avuto una risonanza enorme sui mass-media.

Esplode il caso Geoghan: Padre John J. Geoghan,

---

[6] Trattasi di "Beneditemi o padre perché ho peccato. Prospettive sull'abuso sessuale da parte di preti cattolici romani".

sacerdote sessantaseienne dell'Arcidiocesi di Boston, è sospettato di circa duecento abusi su bambini nell'arco di trent'anni ma si riesce ad attribuirgliene "solo" centotrenta. Il team investigativo Spotlight[7] del quotidiano The Boston Globe, in quel momento diretto da Marty Baron, intraprende una clamorosa inchiesta che in un anno riferisce di 800 storie di violenze: fatti, documenti, accuse non solo sui delitti sessuali compiuti da membri del clero, ma anche denunce di copertura e cattiva gestione dei casi da parte delle autorità ecclesiastiche. Ne seguono a volte ammissioni di colpevolezza e dimissioni da parte non solo di preti, ma anche di vescovi e di cardinali.

Il cardinale Bernard Law, Arcivescovo di Boston, che ammise negligenze e colpe nella gestione dei numerosi casi a lui denunciati, il 13 dicembre 2002, anche su richiesta di numerosi sacerdoti e fedeli della sua diocesi, rassegnò le dimissioni, che furono prontamente accettate dal Vaticano.

Lo stesso cardinale Law, infelice protagonista di questa vicenda tra intolleranza pubblica e complicità privata, nella sua lettera pastorale del 2002 aveva dimostrato attenzione ai sopravvissuti agli abusi dedicando loro due paragrafi. Nel primo riconosceva che le vittime e le loro famiglie erano le più colpite e, dopo avere offerto le scuse e la disponibilità ad incontrarle, offriva un impegno concreto di

---

[7] Questa indagine ha vinto il premio Pulizer di pubblico servizio al quotidiano nel 2003 ed ha ispirato il film "Il caso Spotlight" nel 2015.

consulenza psichiatrica e psicologica. Nel secondo, "meno illuminato", dichiarava che l'Arcidiocesi si sarebbe sforzata di evitare alle vittime la necessità di processi lunghi e dolorosi e si impegnava a risolvere i casi con rapidità, onesta ed equità. Successivamente si rendeva palese l'offerta di un risarcimento economico in cambio della rinuncia alle vie giudiziarie.

Questa strada portò a dissesti giuridici e finanziari: le diocesi dovettero combattere per sopravvivere economicamente. All'altra estremità i cattolici conservatori si organizzarono per difendere la propria Chiesa: i preti accusati cominciarono a denunciare a loro volta le "presunte vittime" per diffamazione.

Negli anni successivi, soprattutto tra il 2009 ed il 2010, il fenomeno ha interessato in misura rilevante anche l'Europa e lo scandalo ha investito anche Spagna, Francia, Regno Unito, Irlanda, Paesi Bassi, Germania, Svizzera, Austria, Italia e Malta.

Ma come è stato possibile tutto questo? Chi o che cosa ha permesso che il silenzio sugli abusi aiutasse i colpevoli a farla franca e condannasse le vittime a non essere credute o aiutate dalle autorità ecclesiastiche?

1.3 Il segreto Pontificio.

La Prassi dell'avocazione[8] a Roma era radicata in norme del Diritto Canonico (detto Piobenedettino del 1917) e in un documento riservato, l'istruzione *Crimen sollicitationis*. Emesso nel 1962 per regolare lo svolgimento del processo canonico in tutte le sue fasi nel caso di *sollicitatio ad turpia*, tra questi delitti "turpi" prevede anche il *crimen pessimum,* vale a dire "fatti osceni commessi da un chierico con una persona dello stesso sesso", cui venivano equiparati gli atti compiuti con bambini o con animali.

Tale documento prevede tra le disposizioni l'obbligo, sotto gravi pene canoniche, dell'assoluto e perpetuo segreto (il cosiddetto "segreto del Sant'Uffizio") per tutti gli intervenuti nel processo canonico: giudici, imputati, accusatori e testimoni. Coloro che, a vario titolo, entrano a far parte del tribunale, se vengono meno al segreto sono colpiti *ipso facto* dalla scomunica *latae sententiae* vale a dire senza bisogno di una puntuale dichiarazione; la scomunica è "riservata", cioè la può togliere solo il Sommo Pontefice.

L'istruzione *Crimen sollicitationis* viene citata apertamente nella lettera *De delictis gravioribus* inviata nel 2001 da Joseph Ratzinger a tutti i vescovi dalla Congregazione per la dottrina della fede. Tra le novità l'indicazione esplicita della pedofilia ovvero

---

[8] Atto giuridico con il quale un organo assume su di sé il potere di compiere determinati atti che, in mancanza, rientrerebbero nella competenza di un altro organo, di regola subordinato.

"Il delitto contro la morale", cioè il delitto contro il sesto comandamento del Decalogo commesso da un chierico con un minore al di sotto dei 18 anni di età (prima era di 16 anni). La lettera introduce anche un'innovazione procedurale: l'attribuzione dello svolgimento delle indagini preliminari ai vescovi che, comunque, ne dovranno dare in ogni caso segnalazione alla Congregazione che si riserva la possibilità di avocazione. Viene confermato che le cause di questo genere sono soggette al segreto pontificio.

La questione del segreto ha dato vita a sorprendenti e grottesche controversie giuridiche nei tribunali: la corte distrettuale di Harris (Texas) aprì un'indagine contro Ratzinger per "ostruzione alla giustizia". In risposta la Nunziatura apostolica chiese ed ottenne nel 2005 la concessione al Papa dell'immunità diplomatica in quanto capo di uno Stato Sovrano.

La questione sull'uso del segreto pontificio ha suscitato numerose polemiche circa le sue finalità reali o presunte.

Da una parte c'è chi sostiene che la Chiesa se ne sia servita per nascondere gli scandali, proteggere i colpevoli dalla giustizia civile e scoraggiare le vittime nel continuare la propria attività di denuncia. Dall'altra i difensori della Chiesa e dell'imposizione del segreto hanno sostenuto che fosse l'unico mezzo idoneo a mantenere la massima riservatezza e tutela di tutte le parti in causa ed a non esporre le persone accusate (magari ingiustamente) prima del termine del processo canonico.

Nella "Lettera pastorale del santo Padre Benedetto XVI ai Cattolici dell'Irlanda"[9], del marzo 2010, si esprime "vergogna e rimorso" e si chiede perdono per i gravi peccati commessi da membri della Chiesa contro ragazzi e giovani vulnerabili. Si accusa la gestione dei casi da parte delle autorità ecclesiastiche locali e si denuncia: "Seri errori furono commessi nel trattare le accuse". In particolare la lettera punta il dito su quei vescovi che hanno "mancato, a volte gravemente, nell'applicare le norme di diritto canonico codificate da lungo tempo circa i crimini di abusi di ragazzi".

Per la prima volta in maniera ufficiale si chiedeva scusa alle vittime.

Come simbolo di questa profonda reazione interna al Cattolicesimo che, dopo un lungo periodo di omertà, imboccava la via della denuncia, è interessante menzionare il grande crocefisso che appare in una cappella della cattedrale cattolica di Los Angeles tutto tappezzato di fotografie delle vittime di abusi sessuali da parte di sacerdoti cattolici.

La svolta definitiva si è avuta il 6 dicembre 2019 con il *Rescriptum ex Audentia* con cui Papa Francesco, alla fine del summit mondiale sulla pedofilia tenuto in Vaticano, ha abolito il segreto pontificio. Il rescritto recita che non sono coperti dal segreto pontificio le denunce, i processi e le decisioni sui delitti contro il sesto comandamento citati dal motu proprio *Vos estis lux mundi*. Si tratta dei casi di

---

[9] Vedi Appendice A.

abuso sui minori e le persone vulnerabili, casi di violenza e di atti sessuali compiuti sotto minaccia o abuso di autorità, casi di pedopornografia, casi di mancata denuncia e copertura degli abusanti da parte dei vescovi e dei superiori degli istituti religiosi. L'esclusione del segreto è prevista anche quando tali delitti siano stati commessi in concorso con altri reati. Adesso la vittima potrà conoscere l'iter e la sentenza del processo che la riguarda.

1.4 La ricerca del John Jay College of Criminal Justice.

Circa la disponibilità di dati statistici, gli studi sull'argomento degli abusi sessuali da parte del clero erano praticamente inesistenti prima del 2002.

Nel tentativo di dare una misura alle variabili del fenomeno, soprattutto in riferimento alle caratteristiche delle vittime e dei preti abusanti, si possono analizzare i risultati della ricerca del John Jay College of Criminal Justice di New York, "The nature and scope of sexual abuse of minors by Catholic priests and deacons in the United States, 1950-2002" pubblicata in due riprese nel 2004 e 2006.

Il John Jay Research Team ha raccolto informazioni su ogni accusa di abuso sessuale effettuata da un minore contro sacerdoti e diaconi negli Stati Uniti raccogliendo informazioni da file in tutte le diocesi cattoliche, eparchie e comunità religiose.

La ricerca, commissionata dalla Conferenza Episcopale degli Stati Uniti, ha fornito una ricchissima informazione circa gli autori, le vittime, le situazioni e i contesti della perpetrazione dei delitti e, anche se limitata a quell'ambito territoriale, le sue conclusioni possono esser estese a tutto il contesto della cultura occidentale.

Nell'arco di 50 anni negli Stati Uniti 4.329 preti, su un totale di 109.000 preti americani, (3,97%) sono stati accusati di abusi sessuali su minori. Questo significa che, secondo i dati statistici, un componente del clero ha 50 volte più probabilità di essere pedofilo di un cittadino comune.

Nella maggior parte dei casi riportati (55,7%) gli abusanti sono accusati di abusi singoli (non di condotte compulsive e seriali) verso una sola vittima, il 26,9% verso due o tre, il 13,9% da quattro a nove ed il 3,5% dieci o più.

Questi risultati, da considerazioni più approfondite, sono sottostimati e quindi poco convincenti. Bisogna tenere conto, infatti, che la ricerca riflette la percentuale di vittime che ha esplicitamente denunciato l'abuso e le cui accuse sono state registrate e messe a diposizione dei ricercatori. Sappiamo però che molte vittime per propria volontà, perché convinte dalle proprie famiglie o perché intimidate, non hanno rivelato l'abuso e possiamo ragionevolmente dubitare che tutte le accuse siano state registrate e rese accessibili ai ricercatori del John Jay Study. Verosimilmente il numero reale di vittime può essere stimato intorno ai 40.000-60.000 minori e non di poco superiore agli

11.000 come riportato da John Jay.

Quasi il 66% dei preti responsabili di abusi erano nati prima del 1940 e quasi il 90% prima del 1950. Questo serve a delineare un periodo storico e culturale di repressione sessuale delle comunità cattoliche in cui nelle scuole e nelle famiglie i bambini imparavano che il sesso è pericoloso e peccaminoso se consumato al di fuori del matrimonio. Il bambino e l'adolescente cattolico non ricevevano alcun aiuto nell'elaborazione e nell'espressione adeguata della propria sessualità emergente ed in più attività sessuali normali nel corso dello sviluppo, come la masturbazione e le fantasie sessuali, erano considerate peccati molto gravi. I sacerdoti nati prima del 1950 spesso entravano in seminario a 14 o 15 anni preparandosi ad una vita di celibato senza aver superato la pubertà e "senza alcuna formazione relativa alla sessualità o all'appropriata definizione dei confini tra se stessi e il prossimo" (Martin).

Spesso i futuri preti cercavano rifugio nel ministero per riuscire a reprimere sentimenti omosessuali conflittuali in un periodo in cui le politiche di ammissione ai seminari incoraggiavano la mancanza di esperienza sessuale in quanto elemento di salvaguardia del celibato.

"Ciò che non si conosce non può indurre in tentazione" (Jodan, citato in Walker).

La messa in atto del primo abuso sessuale è avvenuta mediamente a 11 anni di distanza dall'ordinazione sacerdotale e l'età media dei preti al momento del primo abuso era di 39 anni. Nel 2002 questo dato ha subito una modifica salendo a 48 anni. Si può avanzare l'ipotesi che, in molti casi, questi comportamenti non esistevano prima dell'ordinazione o che, se c'erano, erano stati nascosti dai soggetti o inconsci ai soggetti stessi e ignorati dai responsabili della loro formazione. In ciascuno di questi casi si può affermare che l'emergere tardivo di comportamenti abusanti può avvenire o essere agevolato sotto pressioni di fattori stressanti esterni come un cambiamento importante nella vita di una persona o nello stesso ministero (il burn-out frequente nelle professioni d'aiuto)[10].

Può essere che, giunti ad un certo punto della propria esperienza e vita all'interno del sacerdozio, essi comprendessero con maggiore chiarezza ciò cui avevano rinunciato scegliendo una vita di celibato.

Il celibato è contemplato in una norma giuridica del XII secolo ed è previsto per i preti della chiesa Cattolica mentre i preti di rito ortodosso, anglicano e protestante possono sposarsi. Inoltre la Chiesa ha strategicamente chiuso un occhio sul fatto che un

---

[10] Le carenze affettive ed il senso di solitudine possono essere aggravati in particolari occasioni come ad esempio il trasferimento da una parrocchia a un'altra. Il celibato sacerdotale, non significa soltanto una vita senza famiglia propria, con moglie e figli, ma spesso comporta anche una vita di solitudine in canonica, specialmente quando la parrocchia ospita un solo prete. Questo non spiega o giustifica la ricerca di deviazioni sessuali da parte del prete, tantomeno la sopraffazione sessuale dei minori, ma descrive l'ambiente in cui l'abuso può trovare una sua collocazione.

gran numero di preti nei paesi sudamericani e africani vive in uno stato di concubinato.

La castità è solo una conseguenza del celibato visto che la Chiesa vieta i rapporti sessuali consumati fuori dal matrimonio[11]. Il celibato non costituisce un fattore di rischio che possa produrre sacerdoti inclini all'abuso sessuale perché non ci sono dati che indichino che in caso di mancanza o rinuncia di un partner adulto un individuo sviluppi preferenze sessuali per un minore. Inoltre l'80% dei sex offender ha un partner e la maggior parte della popolazione "normale" condannata per pedofilia è sposata con figli.

Un altro dato interessante è quello relativo al tempo trascorso tra la perpetrazione del reato e la sua denuncia o rivelazione. Con riferimento all'insieme dei casi di abusi messi in atto tra gli anni 1969 e 1981, solo il 10% dei casi è stato denunciato entro l'anno, il 25% nei 10 anni successivi, il 50% entro 20 anni e il 75% prima dei 30 anni (le percentuali sono cumulative). Più del 25% lo ha fatto dopo 30 anni. I dati aprono un ventaglio di interpretazioni sia riguardo alla personalità dell'abusato e dell'abusante, sia riguardo alla sensibilità dell'ambiente culturale ed ecclesiastico in cui queste denunce hanno avuto luogo.

Per capire l'enorme divario temporale che spesso intercorre tra l'abuso e la sua denuncia è necessario

---

[11] I voti canonici di castità, povertà ed obbedienza vengono professati solo dai frati e dai monaci ma non dai preti.

addentrarsi nella descrizione del sistema di rapporti che caratterizza le comunità cattoliche.

Il cattolicesimo è un sistema di riorganizzazione radicale della vita umana basato sul rapporto di dipendenza spirituale dei fedeli rispetto ai sacerdoti. Questo sistema di relazioni tra gli esseri umani divisi in due categorie, i sacerdoti da un lato e i laici dall'altro, mette in atto una logica sociale per la quale i sacerdoti costituiscono di fatto un ceto sociale a parte. In termini sociologici: una classe dirigente o una casta. Si fonda sull'errata convinzione che il clero costituisca un'*élite* speciale, sovraordinata ai laici in virtù dei poteri discendenti dal ministero sacramentale[12].

Non c'è dubbio che il sacerdote eserciti un potere considerevole, in qualche modo derivato dalla sua autorità come rappresentante di Dio. Il sacerdote ha il potere ministeriale di celebrare l'Eucarestia e di perdonare i peccati ma, di fatto, nel corso della storia,

---

[12] Nel Libro II del Diritto Canonico, Titolo I, Obblighi e Diritti di tutti i Fedeli (Cann.208 – 223) si legge:
"Can. 212 - §1. I fedeli, consapevoli della propria responsabilità, sono tenuti ad osservare con cristiana obbedienza ciò che i sacri Pastori…
§2. I fedeli hanno il diritto di manifestare ai Pastori della Chiesa le proprie necessità, soprattutto spirituali, e i propri desideri.
§3… essi hanno il diritto, e anzi talvolta anche il dovere, di manifestare ai sacri Pastori il loro pensiero…salva restando l'integrità della fede e dei costumi e il rispetto verso i Pastori…
Can. 213 -§1. I fedeli hanno il diritto di ricevere dai sacri Pastori gli aiuti derivanti dai beni spirituali della Chiesa, soprattutto dalla parola di Dio e dai sacramenti".

i preti sono stati sempre anche dei leader nella comunità. Quando questo potere e prestigio si combinano con la vulnerabilità del parrocchiano debole o immaturo o di una persona in crisi, si crea una situazione di maggiore dipendenza, a rischio di deviazioni.

Denunciare un abuso, quindi, significava innanzitutto mettersi contro un intero sistema collaudato da secoli con il rischio di non essere creduti dalla comunità, persino dalla propria famiglia, e di essere condannati da tutta la Chiesa.

Nell'81% dei casi di abusi sessuali da parte di preti le vittime erano maschi.

Una questione complessa è quella riferita all'esistenza di eventuali nessi tra pedofilia e omosessualità. Per quel che riguarda la popolazione in generale, la risposta è negativa: nella maggior parte dei casi di pedofilia si tratta di persone dell'uno o dell'altro sesso che esercitano abusi su bambini a prescindere dal fatto che siano maschi o femmine. Ciò che conta veramente è l'immaturità sessuale della vittima.

Il risultato statistico degli studi del John Jay College non dice tuttavia che ci sia un nesso tra pedofilia e omosessualità.

La scelta del genere delle vittime da parte dei sacerdoti riflette in gran parte motivi di opportunità piuttosto che un orientamento sessuale[13]. Secondo

---

[13] Si consideri, per esempio, l'attività sessuale in prigione, per cui uomini eterosessuali dotati di maggiore potere ed autorità

Lothstein (2004) l'omosessualità può essere un fattore di rischio per alcuni preti che abusano di maschi adolescenti ma non è la causa dell'abuso. In realtà gli studi convergono sul fatto che la maggior parte dei minori sia maschi che femmine subisce abusi da preti eterosessuali.

Un prete si forma in un ambiente esclusivamente maschile e cresce in una struttura abitata e governata quasi esclusivamente da maschi celibi ed è quindi molto più facile trovare modo di esercitare la propria sessualità verso persone dello stesso sesso. I ragazzi, in genere, sono più facilmente avvicinabili ai preti rispetto alle ragazze.

Durante la formazione in seminario e in vista della loro preparazione al celibato imparano ad essere prudenti e guardinghi nei contatti con figure femminili rispetto a quelle maschili. Molti sacerdoti sono spaventati dalle donne sia giovani che adulte, da possibili gravidanze e sono misogini: questo li trattiene a consumare rapporti sessuali con loro.

Infine alcuni sacerdoti concepiscono il celibato come astensione da rapporti sessuali con le donne e possono quindi convincersi che il sesso con minori maschi non metta in discussione la loro condizione di celibato.

Le vittime si collocano generalmente tra gli 11 e i 14 anni tuttavia si rileva una tendenza degli ultimi

---

all'interno della popolazione carceraria scelgono di violentare altri uomini meno potenti per sfogare le proprie pulsioni sessuali e imporre il proprio potere su qualcuno.

decenni che ha visto l'aumento dell'età delle vittime tra i 15 ed i 17 anni probabilmente perché rispetto agli anni precedenti un numero inferiore di bambini frequentava le scuole elementari cattoliche o partecipava alle attività giovanili della Chiesa. Inoltre dagli anni Ottanta i genitori di bambini problematici e vulnerabili hanno iniziato a fare affidamento sui consulenti e gli psicoterapeuti per aiutare i propri figli e non più sull'istituzione della chiesa.

I dati indicano che i minori di sesso maschile che avevano subito abusi da parte di preti sono nella maggior parte dei casi in età puberale o postpuberale, e non prepuberale. I sacerdoti hanno prevalentemente abusato di minori più grandi e quindi, indipendentemente dall'uso generico del termine "pedofilo" da parte dei mass media, i loro tratti psicodinamici e caratteriali sono più vicini a quelli degli efebofili che a quelli dei pedofili.

I preti hanno abusato delle loro vittime sia in luoghi privati sia in quelli religiosi ma comunque ben conosciuti e nascosti agli estranei. Circa il 41% di tutti gli abusi è stato perpetrato dentro la casa del prete, il 7,5% nella canonica, il 16,3% in chiesa, il 12,4% nella casa della vittima, 10,3% a scuola e il 10,3% in una casa di vacanza. La mancanza di monitoraggio e supervisione fa sì che le autorità ecclesiastiche probabilmente rimangano all'oscuro delle relazioni d'abuso passate o presenti dei loro preti e per conseguenza non predispongano una risposta adeguata alle situazioni.

Per quanto riguarda il tipo di abuso la maggior parte dei sacerdoti abusanti non si è limitato a toccare semplicemente la vittima sotto i vestiti. Circa il 33% ha penetrato le proprie vittime o le ha costrette al sesso orale: due tipi di abuso molto gravi. Solo il 2,9% dei sacerdoti si è limitato a discorsi di natura sessuale o all'uso di pornografia; solo il 9% si è limitato a toccare la vittima attraverso i vestiti o a essere toccato da lei attraverso la tonaca.

Più della metà delle vittime ha dichiarato di essere stata abusata diverse volte mentre solo il 29% afferma di aver subito abusi solo una volta. Questo dato allarmante sottolinea il fatto che l'abuso sessuale da parte del prete non è una momentanea mancanza di giudizio ma, al contrario, invita a considerare il sex offender come una persona pericolosamente incline ad abusare di una giovane vittima diverse volte. Tale considerazione viene avallata dal fatto che solo nel 21,6% dei casi si era fatto uso di alcol o droghe; ciò significa che anche in situazione di non alterazione il prete commette reato.

Il 6.8% dei sacerdoti accusati di abusi ha riferito storie di abuso infantile e poco più del 4% ha dichiarato di avere subito abusi nella minore età. I ricercatori fanno notare che queste cifre riflettono solo le informazioni accessibili e disponibili presso gli archivi provinciali o delle diocesi e potrebbero sottostimare il numero dei sacerdoti con un passato di abusi.

1.5 Diritto canonico e diritto penale.

Nell'analisi finora effettuata circa gli abusi su minori da parte del clero più volte ci si è soffermati a sottolineare la scandalosa copertura di questi crimini da parte delle istituzioni ecclesiastiche a vari livelli. Tale atteggiamento trova le sue spiegazioni o meglio giustificazioni nell'applicazione delle leggi del diritto canonico che regolano appunto tale condotta.

Ma cosa prevede la legge "degli uomini" in questi casi?

Quando un uomo di chiesa viene accusato di pedofilia viene sottoposto sia ad un procedimento penale, la cui giurisdizione è di competenza del luogo dove la violenza è stata subita, sia ad un procedimento canonico che deciderà, con le sue norme, il destino della carriera ministeriale dell'accusato.

Per il diritto canonico la violenza sessuale non è un reato ma un peccato e per tale motivo il sacerdote deve risponderne a Dio e non alla giustizia terrena.

Il sacerdote viola il canone 277 che riguarda il "celibato ecclesiastico" e secondo il canone 1395 viene *"punito con la sospensione, alla quale si possono aggiungere gradualmente altre pene, se persista il delitto dopo l'ammonizione, fino alla dimissione dallo stato clericale"*. Nei casi la violenza riguardi un minore di 16 anni viene *"punito con giuste pene"*.

Nell'ipotesi in cui ci siano "seri indizi" e "colpe gravi" e questi vengono accertati, la Congregazione per la dottrina della fede decreta la rimozione della persona accusata oppure la invita a rinunciare all'incarico entro 15 giorni. Ma come abbiamo sottolineato all'inizio della trattazione di tale argomento (vedi paragrafo 1.3) questo procedimento è coperto dal segreto pontificio per cui raramente le autorità ecclesiastiche decidono di collaborare con la giustizia e tendono invece a riassegnare il prete in un'altra diocesi o ad indirizzarlo verso una comunità di "assistenza per ecclesiastici in difficoltà".

Ma i vescovi devono denunciare questi fatti alle autorità?

Secondo l'art.4 dei Patti Lateranensi del 1929, ratificati nel Concordato del 1984, *"i vescovi sono esonerati dall'obbligo di deporre o di esibire documenti in merito a quanto conosciuto o detenuto per ragione del proprio ministero"* quindi non sono obbligati a collaborare con la giustizia italiana e non hanno il dovere di denunciare i fatti di cui vengono a conoscenza.

Anche le nuove "Linee guida per la tutela dei minori e delle persone vulnerabili" del 2019[14] prevedono l'obbligo di segnalare gli abusi alle autorità ecclesiastiche mentre la segnalazione alle autorità civili viene solo "incoraggiata".

Inoltre in riferimento al "foro interno sacramentale" è sempre previsto per un sacerdote il divieto di divulgare i peccati o l'identità di un peccatore che si è confessato per cui se viene a

---

[14] Vedi Appendice B punto 5: Trattazione delle segnalazioni di presunti abusi sessuali.

conoscenza di un abuso durante una confessione non ne può dare notizia pena la scomunica.

Per tali motivi nonostante la politica di tolleranza-zero tanto auspicata da Papa Bergoglio la giustizia divina e terrena non potranno mai collaborare tra di loro per arrivare ad una condanna che sia "giusta" sia per la Chiesa che per lo Stato.

Per quanto riguarda il codice penale italiano l'abuso da parte di membri del clero rientra nelle ipotesi previste dagli articoli 609-bis, 609-ter, 609-quater e 609-quinquies.

Recita l'art.609-bis:

"Chiunque con violenza o minaccia o mediante abuso di autorità, costringe taluno a compiere o subire atti sessuali è punito con la reclusione da cinque a dieci anni.

Alla stessa pena soggiace chi induce taluno a compiere o subire atti sessuali:

1) abusando delle condizioni di inferiorità fisica o psichica della persona offesa al momento del fatto;

2) traendo in inganno la persona offesa per essersi il colpevole sostituito ad altra persona.

Nei casi di minore gravità la pena è diminuita in misura non eccedente i due terzi".

In caso di violenza su minori si prende in considerazione il primo comma dell'art.609-ter (circostanze aggravanti) secondo cui *"la pena è della reclusione da sei a dodici anni se i fatti di cui all'articolo 609-bis sono commessi nei confronti di persona che non ha compiuto gli anni quattordici".*

La pena è della reclusione da sette a quattordici anni se il fatto è commesso nei confronti di persona che non ha compiuto gli anni dieci.

Nel caso in cui non siano presenti violenza o minaccia ed il minore di 14 sia in qualche modo consenziente interviene l'art.609-quater:

"Soggiace alla pena stabilita dall'articolo 609 bis chiunque, al di fuori delle ipotesi previste in detto articolo, compie atti sessuali con persona che al momento del fatto:

1) non ha compiuto gli anni quattordici;

2) non ha compiuto gli anni sedici, quando il colpevole sia l'ascendente, il genitore anche adottivo, il tutore, ovvero altra persona cui, per ragioni di cura, di educazione, di istruzione, di vigilanza o di custodia, il minore è affidato o che abbia, con quest'ultimo, una relazione di convivenza.

Non è punibile il minorenne che, al di fuori delle ipotesi previste nell'articolo 609 bis compie atti sessuali con un minorenne che abbia compiuto gli anni tredici, se la differenza di età tra i soggetti non è superiore a tre anni.

Nei casi di minore gravità la pena è diminuita fino a due terzi.

Si applica la pena di cui all'articolo 609 ter, secondo comma, se la persona offesa non ha compiuto gli anni dieci".

Nel caso dei ministri di culto siamo sicuramente di fronte ad una sorta di sudditanza psicologica per cui la vittima ha difficoltà a sottrarsi all'abuso. Inoltre non è necessario che il reato venga commesso durante le funzioni o i servizi propri del ministero sacerdotale ma è soltanto necessario che il prestigio e l'autorità di cui gode il prete abbiano facilitato il compimento di tale reato.

Viene infatti commesso un abuso di potere o una violazione dei doveri inerenti ad una pubblica funzione o a un pubblico servizio, ovvero la qualità di ministro di culto. Sarà compito del giudice valutare per ogni caso se il ministero religioso abbia agevolato o reso più facile l'abuso.

Inoltre sono condannati per "omesso impedimento del reato" o "favoreggiamento" coloro che avevano il compito di controllare e non lo hanno fatto. In effetti è impensabile che in una struttura religiosa nessuno percepisca i segnali che qualcosa di "strano" stia accadendo.

Negli ultimi 30 anni, secondo i dati raccolti da *Rete L'Abuso, l'Associazione sopravvissuti agli abusi sessuali del clero e osservatorio permanente*, sono soltanto 150 i preti processati per reati sessuali a danno di minori, con una durata media della condanna di circa 4 anni.

CAPITOLO II – IL CASO DELLA CHIESA POLACCA

2.1 "Non dirlo a nessuno".

La Chiesa cattolica in Polonia (di cui l'85% della popolazione è dichiaratamente cattolica e fedele a Roma) ha avuto un ruolo fondamentale nel plasmare l'identità nazionale del paese e, durante il comunismo, ha esercitato a più livelli forti resistenze contro il dominio straniero. Lo stesso papa Giovanni Paolo II, primo papa polacco e diventato santo nel 2014, è stato l'emblema dell'indissolubilità di questo connubio tra dimensione terrena e sentimento religioso essendo stato per il Paese sia un'autorità morale che un oppositore del comunismo.

In Polonia ogni cerimonia pubblica è presenziata da almeno un membro del clero.

Il partito di governo di destra radicale Diritto e Giustizia (PiS) legittima il suo potere sfruttando la propria alleanza con la Chiesa e facendo da congiunzione tra realtà religiosa e politica. Durante i propri comizi elettorali di grande effetto sono gli slogan "Non esiste la Polonia senza la chiesa", oppure "Chi è contro la chiesa è contro la Polonia".

Come molti altri paesi, anche la Polonia ha dovuto fare i conti con le rivelazioni degli abusi del clero sui minori.

La pedofilia all'interno della Chiesa polacca è emersa in modo eclatante nel marzo 2019 quando la Conferenza episcopale ha reso noti centinaia di casi di violenze sessuali su minori. I numeri, mostrati durante una conferenza stampa da padre Wojciech Sadlon, lasciano senza parole: 625 minori, di cui 345 al di sotto 15 anni di età; ben 382 casi di sacerdoti e persino suore che hanno abusato sessualmente di minori tra il 1990 e il 2018.

"Sappiamo che questa è ancora solo la punta dell'iceberg", aveva detto il gesuita Adam Zak, coordinatore per la protezione dell'infanzia e gioventù nell'episcopato.

"*Non dirlo a nessuno*", (Tylco nie mowu nikomu) è un documentario sugli abusi sessuali compiuti da preti pedofili pubblicato l'11 maggio 2019 su Youtube e realizzato dai fratelli Tomasz e Marek Sekielski. Finanziato da piccole donazioni effettuate dagli spettatori grazie ad una piattaforma di crownfunding, in pochissimi giorni ha avuto milioni di visualizzazioni ed ha suscitato un'ondata di indignazione nella cattolicissima Polonia.

Il docu-film presenta nuove prove sulla pedofilia di molti preti polacchi e di come, invece di essere cacciati dalla chiesa o denunciati alla polizia, i sacerdoti abusanti venissero semplicemente trasferiti in altre parrocchie.

Tra i protagonisti colpevoli delle vicende raccontate troviamo don Franciszek Cybula che tra il 1980 e il 1985 fu il parroco della parrocchia di Lech Walesa, l'operaio e sindacalista che, dopo essere stato a capo del movimento Solidarność, è diventato il primo presidente della Polonia dopo la caduta del comunismo.

Dopo lo scandalo Walesa ha dichiarato al New

York Times: «Sono così sorpreso che non so cosa dire», «Se io, come cattolico, avessi saputo, non avrei mai permesso una cosa del genere».

Tra le figure coinvolte nello scandalo spicca anche quella di padre Henryk Jankowski, personalità di riferimento e sostenitore del movimento Solidarność. Nel documentario è filmato il momento in cui la statua che era stata eretta in suo onore nel centro di Danzica viene abbattuta e ricoperta di decine di mutandine di bambini!

La vicenda arriva anche a scalfire la figura di San Giovanni Paolo II: per i fratelli Sekielski, infatti, Wojtyla ebbe un peso "nella copertura dei crimini commessi dai sacerdoti", non solo nella sua patria.

Queste storie hanno tutte un'ambientazione comune: nello scenario vive e agisce un prete assegnato ad una parrocchia o a una circoscrizione ecclesiastica. Figura carismatica concentra le sue attività di ministero sui giovani e sviluppa gradualmente con loro rapporti di amicizia: alcuni ragazzi provengono da famiglie problematiche e sono bisognosi di attenzione, altri sono cresciuti in famiglie stabili e amorevoli. In comune hanno e vivono un sentimento di profonda fiducia e rispetto nei confronti dei sacerdoti che è stato loro inculcato fin dalla più tenera età. Ad un certo punto il Padre introduce il sesso nella sua relazione con il giovane.

Quando il fatto viene denunciato dalla vittima, da un familiare o da chiunque ne viene a conoscenza e quindi viene formalizzata l'accusa davanti alle autorità ecclesiastiche, la vittima viene accusata di volere "gettare la Chiesa nello scandalo" quasi a volerla accusare di un fatto più grave di quello compiuto dal prete.

Intanto nella canonica si mette l'accusato davanti alle proprie responsabilità il quale, dopo aver confessato, promette di non peccare più. Con il passare degli anni sempre più spesso il Padre verrà mandato da qualche parte per una consulenza e/o terapia psicologica e troppe volte finirà per commettere nuovi abusi nonostante le condanne penali subite ed i divieti di avvicinamento a minori imposti dalla legge e spesso disattesi anche grazie alla complicità della Chiesa stessa.

Lo scandalo ha costretto la gerarchia cattolica a riconoscere le proprie colpe.

L'arcivescovo Wojciech Polak ha chiesto scusa "per ogni ferita inflitta al popolo della chiesa" ed anche il nunzio apostolico in Polonia, l'arcivescovo Salvatore Pennacchio, ha inviato un messaggio di solidarietà alle persone che hanno subito gli abusi.

Altri membri della Chiesa polacca, come l'arcivescovo di Danzica Leszek Slawoj Glodz, invece, non hanno apprezzato tali denunce e in tono denigratorio hanno affermato di avere di meglio da fare che guardare il film[15]!

---

[15] Tale vicenda e lo scandalo che ne è seguito hanno trovato nuova linfa dopo che nella giornata del 16 maggio 2020, nell'anniversario del centenario dalla nascita di Wojtyla, i fratelli Sekielski hanno diffuso il loro secondo film documentario, *"Giocare a nascondino"* (*Zabawa W Chowanego*). Vengono raccontante le vicende del

Qui di seguito viene riportata la trascrizione di alcune testimonianze rese nel documentario a più livelli che poco spazio lasciano all'immaginazione o al dubbio che in realtà qualcosa di atroce sia accaduto in quegli anni in alcune chiese polacche.

2.1.1 Anna Misiewicz – vittima.

Il documentario inizia con la storia di Anna Misiewicz, una donna di 39 anni che trova il coraggio di affrontare padre Jan A., un anziano sacerdote che l'ha molestata quando era bambina.

A. "Come altre bambine della mia età (all'epoca avevo 7 anni) mi occupavo insieme alle altre di pulire e tenere in ordine la casa del prete. Siccome ero una delle più brave mi aveva "promossa" e quindi non dovevo più pulire ma aiutarlo a contare i soldi delle offerte. Mi diceva che ero speciale e si chiudeva in stanza con me. Mi toccava e si masturbava con le mie mani, mi baciava. Ancora adesso quando sento l'odore del latte provo una sensazione di disgusto perché lui lo beveva spesso ed aveva il sapore del latte in bocca. Lui sapeva che non l'avrei detto a nessuno..."

Anna ritorna nella sua parrocchia a Topola, un

---

sacerdote Arkadiusz Hajdasz di Pleszew (diocesi di Kalisz) accusato di essere un prete pedofilo per avere abusato sessualmente, presso la parrocchia di Pleszew e Syców, circa 20 anni fa, di ragazzi, oggi adulti, che adesso hanno deciso di raccontare le loro storie ai due registi. Questi abusi, viene ricordato nel film, sarebbero stati coperti dal vescovo Janiak, che avrebbe insabbiato tutti e tre i casi.

villaggio vicino a Cracovia. Ripercorre le strade in cui è vissuta da bambina e prova ancora paura nonostante lui non sia più lì. Con una telecamera nascosta si reca dal prete che ha abusato di lei: lui ormai è molto anziano e vive in una struttura accudito dalle suore.

A. "Padre volevo guardarla in faccia, credo per l'ultima volta...volevo chiederle perché padre? Me lo potrebbe spiegare?"

P. "Mi capitava di toccarti il ginocchio e baciarlo, o qualcosa del genere?"

A. "No era qualcosa di più: mi baciava come non avrebbe dovuto baciarmi...avevo sette o otto anni...e altre cose ancora...padre, mi toccava dove non avrebbe dovuto, nelle mie parti intime! Padre tutto questo ha lasciato un grande segno nella mia vita".

P. "Non mi è facile parlarne...ci penso ancora quando faccio l'esame di coscienza...non avrei mai dovuto farlo, non dovevo toccarti o baciarti...una strana passione! Non c'era nessuna intenzione cattiva, non c'era niente di male. In nome delle vittime che ho ferito spesso celebro alcune messe: non dico che in qualche modo vi ricompenso. Erano tempi diversi e quello era un periodo di...che ne so, era un segno del diavolo che raccoglieva il frutto del suo lavoro!"

A. "Padre a quale prezzo però, lo sa? Lo sa che io ancora adesso ho degli incubi? Padre, lo sa che io non dormo di notte? Tutto questo vivrà in me per sempre! Perché ha scelto proprio me?"

P. "Forse perché sentivo la mancanza...ad un certo punto i miei bisogni maschili si sono fatti sentire.

Non so! Ho sentito una specie di istinto paterno che poi si è trasformato in attrazione fisica".

A. "Padre ma si è masturbato con le mie mani!"

P. "È molto difficile per me, tutto quello che ho fatto. Che vuoi fare ora? Perché non è venuta da me prima, perché viene ora?"

A. "Perché avevo paura, perché non avevo tanto coraggio!"

P. "Perché non è venuta quando ero ancora in forma, la ricompenserei se fossi più giovane".

A. "Lei mi parla di soldi? Non mi ricompenserà nessun denaro. È una cosa che sta dentro di me!"

P. "È arrivato il momento in cui...non so come chiamarlo...ho ceduto alla tentazione. Erano ragazzine perché i maschi non mi sono mai piaciuti!"

A. "Ce n'erano di più, vero? Non eravamo solo io e Monika?"

P. "Voglio dire, non è che era un rito abituale...però non dirò chi altro c'era! Dio è giusto ed io ho paura della sua giustizia!"

A. "Mi pare giusto che Lei abbia paura...se io fossi al posto suo anche io avrei paura!"

P. "Chiederle perdono è troppo poco però...se lei accetta...posso baciarle le mani?"

A. "Accetto le sue scuse, però meglio di no! Dio o Gesù Cristo abusava dei bambini? Le hanno insegnato qualcosa all'Università in tutti questi anni o no? Mi perdoni ma io devo uscire. Padre io spero che Dio la giudicherà come merita. Vada con Dio."

Anna esce di corsa e scoppia in un pianto incontenibile misto a dolore e senso di liberazione.

Dopo l'incontro si reca alla curia per denunciare,

dopo tanti anni, il prete che l'ha abusata...ora si sente pronta a fare questo passo!

2.1.2 Padre Olejniczak – abusatore.

Il documentario prosegue con la storia di padre Olejniczak che all'epoca insegnava religione: toccava le bambine di sette anni mentre coloravano illustrazioni sacre e nel frattempo parlava loro della Madonnina.

Si sta occupando del suo caso l'avvocato Artur Nowak, vittima anche lui di abuso da parte di un prete e diventato successivamente avvocato per la tutela delle vittime. Sta raccogliendo le prove per effettuare una denuncia perché è convinto che padre Olejniczak abbia infranto il divieto del giudice riguardante il lavoro con i bambini. La procura deve investigare su come sia stato possibile che i superiori abbiano mandato questo sacerdote a celebrare riti religiosi o glielo abbiano consentito pur sapendo che è uscito di prigione dopo una condanna per abuso su minore di due anni e 3 mesi e il divieto di contatto con minori.

Ora vive in un centro di Missione con il ruolo di prete senza nessun incarico ma in realtà continua a celebrare messa in presenza di minori.

Chiunque venga interrogato in sede su questa questione, nel fuggi fuggi generale, dice di non sapere nulla della sentenza di condanna o che non sia vero che abbia contatti con minori.

2.1.3 Matgorzata Szewczyk Nowak e Artur Nowak.

Lei è una psicologa che lavora con le persone che nell'infanzia sono state abusate da preti. Moglie di Artur Nowak ha scritto insieme al marito un libro sulla pedofilia nella Chiesa: da psicologa è stato un lavoro gravoso e non riesce neanche ad immaginare come sia stato difficile per le vittime. Il marito è talmente coinvolto nell'aiuto alle vittime dei sacerdoti pedofili che per lui è diventato una dipendenza che spesso mette a rischio il suo matrimonio però è il suo modo di affrontare la realtà e tutto quello che gli è capitato da bambino.

Artur racconta che si occupa della parte processuale e legale di questi casi perché ha vissuto la stessa esperienza: quel prete era amico di famiglia e lui ne era molto affascinato. Con la sua macchina lo portava fuori città e gli chiedeva di masturbarlo, abbracciarlo, toccarlo. Era piccolo, 11 anni, e non gli venne in testa di dirlo alla madre anche perché il prete veniva trattato come un re dalla famiglia. Anche un altro prete, racconta, ha abusato di lui: gli comprava la birra, i cioccolatini e gli dava dei soldi.

"La gente non riesce a capire che quando sei adolescente ti vengono dei dubbi, non sai se sono solo scherzi o sono cose serie se le fa un sacerdote!"

Nella sua esperienza di avvocato non ha mai percepito la sensazione che i tribunali ecclesiastici si siano messi dalla parte delle vittime.

Racconta Matgorzata: "Un pedofilo è una persona che soffre di un disturbo delle preferenze sessuali e non è in grado, nonostante le sue sincere intenzioni, di avere un rapporto soddisfacente con un adulto. Solo il bambino lo eccita. Nella maggior parte dei casi di cui stiamo parlando questi sono atti pedofili che vengono commessi in sostituzione a causa della scarsa disponibilità, perché è più facile, oppure per una sorta di mancanza di risorse interpersonali per cui i bambini diventano le vittime".

"Molti si chiedono perché la vittima ritornava lì se qualcuno le faceva del male. A dire la verità è un meccanismo complicato. Il prete dice: - Io ti insegno ad amare-, non dice: -Io ti faccio del male-. Non è che lo prende con la forza e abusa di lui. Questo è preceduto dall'addomesticamento del bambino quindi c'è una forte dissonanza cognitiva che consiste nel fatto che da un lato il bambino ne ha bisogno e dall'altra sente che c'è qualcosa che non va come dovrebbe andare. Hanno la sindrome della vittima o di Stoccolma per cui ci stupiamo che la vittima ritorna dal proprio aguzzino; tornano per la stessa ragione per cui le donne picchiate non escono da quelle relazioni...sono ancora bloccate! E qui confrontiamo i bambini che non hanno le risorse adeguate come le donne adulte che sono istruite che hanno meccanismi di difesa maturi...malgrado tutto ritornano!"

2.1.4 Marek Mielewczyk – vittima.
Racconta di aver subito abusi sessuali all'età di 13 anni.
"Nel confessionale mi ha convinto ad andare da lui...non si dice di no ad un prete! Non sapevo come sarebbe andata a finire!"

"Andai alla casa canonica e quando entrai lui chiuse la porta a chiave, mi sedetti sul divano, lui venne alla mia destra...lui si spogliò ed iniziò a togliermi i pantaloni. Prese la mia mano e mi prese con la forza...mi mostrò come dovevo fare. All'epoca non sapevo cosa stesse succedendo!"

"Era la mia prima volta con il sesso, con l'orgasmo, con il piacere del corpo e non capivo cosa fosse accaduto. Ho perso la mia dignità, ho perso la stima di me stesso...Lui mi disse di non dirlo a nessuno, neanche in confessione!"

"Sono tornato da lui più volte...non l'ho mai detto a nessuno fino al momento in cui ho cercato di suicidarmi ingerendo delle pasticche. Fu quello il giorno che i miei genitori seppero ciò che mi era capitato: dalla dottoressa che cercava di capire il motivo per cui avevo fatto quel gesto!"

"Mia moglie mi ha lasciato...non gliel'ho detto prima del matrimonio...quando ha saputo che ero stato molestato ed ero tornato da padre Srebrzynski mi ha detto che la colpa era mia perché ci tornavo. Mi ha fatto tanto male quando diceva che le facevo schifo, che in realtà la colpa era mia!"

2.1.5 Andrzej Skrzypkowski - vittima.

"Il sacerdote mi aveva invitato insieme al mio collega chierichetto. Era una domenica e con la scusa di portare regali e doni alla gente...mi ordinò di spogliarmi per provare dei vestiti...ad un certo punto lui venne in accappatoio. Ero molto scioccato e non riuscivo a muovermi. Il prete lo capì e disse di non dirlo a mia madre altrimenti mi sarebbe caduto il "pisellino". Dopodiché ha toccato il mio "pisellino" e mi ha molestato. Era una situazione molto scioccante. Il mio mondo è crollato. Lo dissi a mia madre ma non mi credette perché la gente di allora non lo poteva comprendere. L'ha negato! Dopo quel fatto dissi che non volevo più fare il chierichetto. La partecipazione nella vita della Chiesa era molto importante per i miei genitori, soprattutto per mia madre e non me lo consentì. Io smisi di mangiare e dopo qualche mese finii in ospedale una, due, tre volte. Diventai anoressico e durante una visita del prete a casa nostra, lo stesso prete, mi costrinse ad inginocchiarmi e giurare che avrei ricominciato a mangiare. Però non funzionò, non portò nessun effetto... io giurai ma sentivo dentro me stesso che dovevo oppormi in qualche modo. Ciò causò una situazione critica poiché ebbi un'atrofia miocardica. Mi misero le flebo all'ospedale. Fui sul punto di morire. Sono riuscito ad uscirne in un solo modo: andai al sanatorio di Danzica."

Alla fine del documentario si può cogliere tutta l'ipocrisia nascosta dietro il motto "tolleranza zero" tanto sbandierato dai vertici della Chiesa che avevano avuto il compito di vigilare e punire i colpevoli.

Durante la conferenza stampa tenuta a Varsavia nel 2019, circa lo scandalo di marzo dei 382 preti e 625 vittime coinvolti in abusi sessuali, alla precisa domanda: "Quale percentuale di questi casi inclusi nella statistica è stata segnalata dalle diocesi alle forze dell'ordine?" viene risposto: "Non lo sappiamo".

Ennesimo segnale che la collaborazione della Chiesa con le autorità, per la condanna dei colpevoli anche in sede penale, non è mai iniziata!

CAPITOLO III – ASPETTO PSICOLOGICO

Dopo avere analizzato i risultati degli studi del John Jay College e vissuto, attraverso le parole dei protagonisti del documentario "Non dirlo a nessuno", l'orrore delle violenze subite dalle giovani vittime dei preti abusanti, cerchiamo di delineare e definire ulteriori aspetti psicologici dei protagonisti di questa triste vicenda.

Vedremo come questo fenomeno prende forma, si insinua ed esplode all'interno della parrocchia e di come sia possibile che un uomo che ha consacrato la sua vita Dio possa trasformarsi in qualcosa o qualcuno che manifesta un "amore malato" verso una giovane vittima fiduciosa e inconsapevole che porterà i segni dello stupro della sua giovinezza per tutta la vita.

3.1 Il tradimento.

Dai racconti emerge un dato comune: i bambini e gli adolescenti abusati sono stati traditi da qualcuno che non ha saputo essere adulto. L'adulto dovrebbe essere colui che accoglie, che cura il bambino, che gli indica i pericoli e lo protegge.

Le vittime dei preti sono dei minori preadolescenti o adolescenti di incerta identità, di fragilità emotiva, di goffaggine sentimentale e fisica.

Il prete è anche un leader religioso e umano: è colui che sa che cosa è bene e che cosa è male.

"Ha un potere sacro, ha il potere di dare i sacramenti, è il capo della parrocchia. Nella teologia è *l'alter Christus,* qualcuno che agisce in persona di Cristo, il che fa di lui una persona speciale, che non è come tutti gli altri, di cui ci si può fidare, e ciò rende più facile l'accesso a minori non sorvegliati" (Demasure).

"È noto che i pedofili veri e propri sono pochi in percentuale. Il cuore di tutto è sicuramente il potere. Questo è il vero grimaldello attraverso cui si entra e si inizia l'abuso. È importante distinguere tra lo stupro e l'abuso. Quest'ultimo si gioca proprio sulla capacità di manipolazione, di possesso, di potere sull'altro, che deriva anche dallo status. Quello dell'abusatore è un percorso che si costruisce nel tempo, molto calcolato anche rispetto alla famiglia della vittima, in cui il predatore crea un rapporto di fiducia profondo, che sfocia nella dipendenza e che solo più tardi diventa un abuso. Lo stupro è invece il gesto di una persona il più delle volte estranea alla vittima ed è figlio soltanto della violenza fisica" (Bove)[16].

Entra con discrezione nella loro vita e comincia a conquistare un senso di rispetto, fiducia e dipendenza molto prima che abbia luogo il primo contatto fisico.

La sorpresa e l'incredulità per qualche atteggiamento "strano" del prete provocano nella

---

[16] *"Abusi sessuali del clero. L'orrore fuori dal cono d'ombra"* colloquio con Karlijn Demasure, Stefano Lassi, Luisa Bove e Anna a cura di Vittoria Prisciandaro *in "Jesus" del febbraio 2019.*

vittima perplessità, disagio, paura. Diventa difficile confidarsi con terze persone perché c'è vergogna e timore di essere sbagliati, senso di colpa per averlo permesso o paura di non essere creduti (vittimizzazione secondaria). La vittima tende ad evitare di rendere pubblica la situazione e denunciare il molestatore anche per paura di fargli del male, che lui sia punito o che poi gli neghi la sua benevolenza.

Abbiamo visto che questa confusione su ciò che è bene o male è il campo fertile in cui il prete pianta il seme del suo inganno. "Non sai se sono solo scherzi o sono cose serie se le fa un sacerdote", "Il prete dice: - io ti insegno ad amare-, non dice: -io ti faccio del male".

Alcuni perpetratori inducono esplicitamente le vittime a mantenere il segreto facendo loro intendere che verrebbero rimproverate o allontanate da casa e messe in orfanotrofio. Oppure minacciano la loro vittima di fare del male a lei o ai membri della sua famiglia se dirà qualcosa.

L'abusante può talvolta incolpare la vittima accusandola di averlo sedotto e quindi scaricando su di lei la propria vergogna e il proprio disprezzo di sé. In un patto di segretezza meno esplicito può offrire alla vittima doni e privilegi speciali che comprano il suo silenzio istillando un senso di colpa profondo e duraturo.

"Lui mi disse di non dirlo a nessuno, neanche in confessione!", "Lui sapeva che non l'avrei detto a nessuno..."

La piccola Anna era stata scelta dal prete perché ritenuta speciale, più importante degli altri bambini:

appena è caduta la maschera è rimasto solo il dolore e la consapevolezza di essere stata usata a scopo esclusivamente sessuale. Quando la vittima si rende conto di essere stata sfruttata da qualcuno che rappresentava un legame diretto con Dio il suo mondo spirituale può cominciare a crollare.

La colpa e la vergogna si alternano spesso nella vittima e generano fissazioni e regressioni nello sviluppo emotivo, affettivo, relazionale e anche somatizzazioni e disturbi della sessualità, spesso permanenti.

3.2 La dissociazione.

La pedofilia, in quanto "relazione tradita", induce un danno psicologico per quanto riguarda l'organizzazione della rappresentazione di sé e dell'altro e induce a non avere fiducia nelle relazioni. In molti casi gli effetti del tradimento della malriposta fiducia possono manifestarsi in comportamenti caratteriali o forme psicopatologiche anche gravi fino allo sdoppiamento di personalità.

Quando un giovane subisce un abuso, lo shock psicologico è così grande che il Sé normale non è in grado di assorbire o comprendere ciò che gli sta accadendo. Nel tentativo eroico, ma purtroppo spesso inutile, di fronteggiare la schiacciante situazione il Sé si scinde usando il meccanismo psicologico della dissociazione[17].

Il normale funzionamento della dissociazione è quello che permette a ciascuno di noi, per esempio, di guidare la macchina ed arrivare a destinazione senza conservare alcun ricordo della strada percorsa. Per chi subisce abusi sessuali durante l'infanzia o l'adolescenza, la dissociazione diventa un processo più drammatico, che viene vissuto sia come benedizione che condanna.

Durante l'abuso la vittima entra in uno stato di coscienza completamente differente e quindi essa preserva un Sé funzionale e sicuro che è preservato dal trauma ed è in grado di apprendere, crescere, giocare e lavorare[18]. Dall'altra parte, la maledizione della dissociazione condanna il Sé oggetto d'abuso ad un'esistenza intrappolata nel mondo interiore del superstite, un luogo dominato dal terrore, da una rabbia impotente ma furiosa e da un dolore per il quale non ci sono parole.

Le violenze sessuali sono codificate dal bambino e rievocate dall'adulto in forma di sentimenti non verbali spesso fortemente disorganizzati, di stati somatici, angosce, incubi ricorrenti, flashback e talvolta comportamenti pericolosi.

Da adulto il superstite è devastato da improvvise

---

[17] Secondo il DSM V i disturbi dissociativi sono caratterizzati da una discontinuità nella nomale integrazione della coscienza, della memoria, dell'identità, della percezione, della rappresentazione del corpo e del comportamento.

[18] Più di un paziente ha raccontato, per esempio, che il Sé riconosciuto come "Io" fluttuava sopra il letto sul quale quell'altro bambino", il Sé vittima alienato, subiva l'abuso.

regressioni che vengono innescate da sollecitazioni apparentemente neutrali. Così come il veterano del Vietnam che si butta a terra durante un temporale allo stesso modo il superstite di abuso sessuale può precipitare nella regressione a causa di qualcosa o di qualcuno che gli ricorda il trauma passato.

La piccola Anna prova ancora disgusto quando sente l'odore del latte!

I superstiti conservano nel loro inconscio un legame durevole con il perpetratore e sono comprensibilmente disgustati dal pensiero di assomigliare in qualche modo a chi li ha violati. Ciò non significa che la vittima diventi a sua volta abusante: benché questo possa succedere è un caso straordinariamente raro.

Infine il superstite di abuso sessuale può mostrarsi arrogante e convinto che tutto gli spetti di diritto. Oltre a rappresentare un'ulteriore identificazione dell'abusante questo aspetto mostra una chiara richiesta di riparazione per il torto subito.

C'è un momento nel processo di recupero di ogni superstite in cui egli arriva a riconoscere pienamente ciò che gli è stato tolto con crudeltà ed a provare pena per ciò che sarebbe potuto essere ed esistere se le sue speranze, la sua fiducia e le sue potenzialità non fossero state brutalmente distrutte.

I tentativi di relazione con le altre persone sono filtrati dalle aspettative e dalle angosce elaborate nel corso dell'esperienza traumatica. Avvicinandosi agli altri con il suo disturbo da stress post-traumatico, il superstite vive relazioni in cui si alternano periodi di estrema dipendenza, altri di rabbia profonda e periodi di assoluto isolamento. A causa di quanto vissuto da bambino un normale comportamento sessuale è quasi impossibile: il sesso, anche con una persona fidata, scatena spesso flashback destabilizzanti che provocano orribili rievocazioni del proprio trauma.

Spesso i superstiti provano disgusto e vergogna per il proprio corpo ed i propri impulsi sessuali: essi insistono sul fatto che nulla sarebbe accaduto se non fosse stato per i loro corpi orribilmente seduttivi.

3.3 Perché i fedeli diventano complici?

La comunità che ha aiutato il bambino nel suo processo di crescita è la stessa che, con la sua indifferenza ed il suo ostinato silenzio, ha permesso il verificarsi ed il perpetrarsi dell'abuso e che in qualche modo si è resa complice. Ogni volta che un minore subisce un abuso sessuale vuol dire che qualcuno non ha vigilato e protetto la vittima o che ha chiuso gli occhi. Ma perché questo succede? Com'è possibile girare la testa dall'altra parte davanti a questo abominio?

Per comprendere meglio questo fenomeno dobbiamo partire dalla consapevolezza e dalla verità storica circa il potere di cambiamento delle menti che la chiesa ha sempre esercitato fin dall'antichità: il caso della fede polacca che abbiamo già analizzato ne è una prova evidente! Basti pensare a quanti popoli da sempre pagani o politeisti hanno cambiato la propria fede e la propria cultura convertendosi al cristianesimo.

La politica di espansione della chiesa cattolica ha radicato la propria dottrina ed il proprio credo nei popoli: un buon cristiano vive la sua fede e ascolta i ministri della chiesa secondo riti e precetti ben definiti.

Il sacerdote viene visto dai propri fedeli come una figura necessaria che serve per arrivare al regno di Dio, una specie di ponte tra la vita terrena e la vita ultraterrena dimenticando molto spesso che dietro la tonaca si trova un uomo come tutti con i suoi vizi e le sue virtù.

Una prerogativa dei pedofili e che li rende particolarmente pericolosi è la loro capacità di integrarsi molto bene al di dentro delle comunità in cui vivono. Il pedofilo molto spesso ricopre un ruolo di guida e di fiducia infatti tende a cercare quei lavori o quelle occupazioni che lo possa portare al contatto con i bambini senza destare particolare sospetto.

Con questo non voglio dire che un uomo scelga di entrare in seminario in quanto pedofilo per potere avere a disposizione più bambini possibili ma che in generale la psicologia del pedofilo è molto astuta e complessa e finalizzata ad un unico scopo cioè avere la fiducia innanzitutto degli adulti che gli stanno attorno. Così facendo può accedere tranquillamente nella vita e nel mondo del minore, carpirne i segreti e le debolezze, disporre del suo tempo con la scusa dell'aiuto e del conforto morale, della frequentazione della parrocchia: il tutto con il benestare della comunità che vede in lui un benefattore parte integrante della famiglia.

Questa tipologia di pedofili è chiamata

"organizzata". Sono soggetti che strutturano attentamente la loro vita mimetizzandosi con la comunità per poi poter agire in maniera sistematica e nella massima competenza psicologica. Non lasciano niente al caso, non sono impulsivi: studiano attentamente la loro vittima e usano argomentazioni mirate e stratagemmi psicologici con la sicurezza che non parlerà mai con nessuno.

Restano nascosti nella coltre di fumo che hanno innalzato per agire indisturbati e quando vengono scoperti si aziona un paradosso che sembra inspiegabile: il prete abusatore viene protetto e difeso a spada tratta con la benevolenza dei suoi parrocchiani.

Questo aspetto sociale e psicologico che spinge persone moralmente integre a rifiutare di credere alla veridicità del comportamento abusante del prete viene chiamato in psicologia "dissonanza cognitiva".

La dissonanza cognitiva è quel processo psicologico che mette un individuo a disagio su ciò che ha sempre creduto e quello che invece si palesa davanti a sè.

Un credente, che ha sempre visto il proprio sacerdote come una figura da seguire e su cui costruire molte delle proprie verità, si trova ad un certo punto a dover scegliere se credere e ritenere vere le accuse di un crimine così odioso e vedere quindi crollare tutte le sue certezze e consapevolezze o non credere e girare la faccia dall'altra parte.

Per via di questo disagio psicologico, che il fedele vive come un'onda che lo travolge, egli si troverà a dovere fare una scelta. Più grandi erano la sua stima, il suo impegno e la sua vicinanza al sacerdote, non solo in senso affettivo ma anche in termini di tempo, più questa dissonanza sarà forte tanto da portarlo a non credere alle gravi accuse sul prete ma a diventare un forte sostenitore della sua buona condotta. Tutto questo perché salvare l'immagine del sacerdote equivale in maniera inconscia a salvare la propria immagine, le proprie convinzioni e la propria routine psicologia, quella sorta di ancora di salvezza che noi tutti abbiamo nella vita di tutti i giorni.

L'incapacità di una reazione adeguata alla scoperta dell'abuso provoca atteggiamenti di indifferenza e superficialità: cecità, sordità e mutismo sono risposte assolutamente comuni a molte persone poste di fronte ad un bambino vittimizzato.

Nelle storie raccontate spesso i genitori hanno costretto i figli a continuare a frequentare la chiesa ed a mantenere il silenzio innescando in loro sentimenti di autodistruzione: anoressia, tentativo di suicidio.

Ciò che è importante capire è che gli adulti superstiti di abuso sono spesso, almeno all'inizio, più arrabbiati con gli adulti che non li hanno protetti che con il perpetratore stesso.

Per la vittima l'avvio di un procedimento legale contro il colpevole o chi lo ha protetto può essere un modo per convincersi che la sua perdita possa essere in qualche modo compensata ed inseguire l'illusione che si possa "riparare" ciò che, tragicamente, non potrà essere mai recuperato. A prescindere dall'importo del risarcimento economico la vita prosegue relativamente invariata per il perpetratore e per coloro che lo hanno protetto; l'azione legale, in questo contesto, rappresenta l'estremo ed ultimo tentativo del superstite di riprendere in mano la propria vita.

Inoltre il processo rappresenta uno strumento che risponde alla comprensibile esigenza per la vittima che la verità venga finalmente detta, in un modo o nell'altro.

3.4 La ferita spirituale.

Quando l'abuso è compiuto da un uomo di Chiesa, al danno fisico e psicologico se ne aggiunge un altro più grave per la vita di un credente. L'immagine di Dio nel cuore della vittima viene distorta come se Dio stesso diventasse un complice oscuro.

Si perde la fiducia in se stessi, negli altri, nel clero, nella Chiesa e in Dio. Si hanno problemi di autostima e di insicurezza.

La relazione con Dio è messa in crisi come la stessa preghiera perché viene a mancare il perno di congiunzione tra la vita terrena e la fede. Ci si sente chiusi in un vortice di vergogna e peccato che toglie la speranza di libertà e perdono. Questa crisi profonda può portare ad un abbandono graduale della fede e della Chiesa.

Tante sono le domande a cui si cerca di dare una risposta: è una ferita spirituale che provoca un dolore nascosto ma estremo.

La vittima alza il suo grido contro Dio: "Perché?

Perché proprio lui che celebrava la messa, che mi ascoltava e mi consigliava nel segreto della confessione e mi parlava di Te? Come posso continuare a credere e a pregarti? Come lo hai potuto permettere?"

Questa ferita spirituale porta ad una sorta di lutto lungo, solitario e sofferto. Il senso di vuoto si fa sempre più profondo, si perde ogni punto di riferimento e ci si allontana dall'intera comunità cristiana.

"All'inizio le vittime sono convinte che Dio le abbia abbandonate: hanno pregato perché le proteggesse, perché l'abuso si fermasse, ma la violenza è continuata. Perciò per loro è difficilissimo continuare a credere in un Dio che chiamiamo "padre", proprio come il prete. La preghiera "Padre nostro" è veramente difficile da pronunciare per molte vittime, perché proprio il prete padre ha abusato di loro. Ci sono casi in cui la fede in Dio sopravvive, ma si è persa totalmente la fiducia nella Chiesa" (Demasure).

Anche coloro che vengono a conoscenza di ciò che è accaduto, dopo un primo momento di incredulità e negazione si allontanano dalla fede: il male compiuto sul bambino produce altro male.

Molto spesso non si parla di questo tipo di ferita e viene sottovalutata perché nessuno sa cosa dire o cosa fare o da che parte stare. L'abuso lascia la sua atroce ferita nella coscienza delle vittime credenti il cui mondo crolla nel momento in cui anche Dio scompare dalla loro vita.

3.5 Prete abusante.

I membri del clero cattolico accusati di abusi sui minori sono molto spesso ben conosciuti e stimati dalle vittime e dalle loro famiglie. In alcune realtà svolgono addirittura un ruolo quasi sostitutivo di figure parentali soprattutto quando si tratta di figli di famiglie dissestate o di minori sistemati in collegio.

Il meccanismo dell'abuso si muove lungo un processo graduale che parte dall'interessamento e cura per il minore non inizialmente finalizzato o intenzionato a creare opportunità di contatto sessuale: ne può seguire un'attenzione privilegiata, e insieme, un isolamento dal contesto della famiglia e dei coetanei della vittima.

Quando nella relazione entra il sesso, chi perpetra l'abuso rinforza il suo legame con la vittima sulla base del silenzio complice e della colpa condivisa. Per assicurarsi che nulla di ciò che sta succedendo verrà riferito a terzi, insinua un senso profondo di vergogna che genera pensieri contrastanti nella giovane mente dell'abusato.

Le statistiche e gli studi effettuati affermano che, mentre il tipico molestatore di bambini adulto laico ha forti tendenze antisociali e scarso controllo degli impulsi, il sacerdote ed il religioso abusante hanno un alto livello di sensibilità e simpatia, buone competenze sociali e di autocontrollo e capacità affabulatorie.

Rispetto ai sex offender comuni vivono una maggiore conflittualità e sensi di colpa e mostrano meno sintomi psicopatologici e problemi emotivi.

I sex offender religiosi possiedono tratti aggressivi ed una tendenza alla coercizione delle vittime simile ai sex offender comuni.

I preti pedofili hanno un QI più alto dei pedofili della popolazione "normale".

Nei profili psicologici dei presti abusanti sono comuni disturbi narcisistici.

Kochansky e Cohen collegano il narcisismo dei preti a uomini che sono stati spinti al sacerdozio dal desiderio di contrastare o neutralizzare sentimenti di inadeguatezza, impotenza e inferiorità tramite un ruolo sociale che, al contrario, permettesse di loro di sentirsi superiori, speciali, ammirati e potenti.

Molti sintomi comuni di narcisismo sono in sintonia con la cultura organizzativa della chiesa basata sul clericalismo.

Kochansky ed Hermann, nel corso del trattamento di preti e seminaristi che presentavano tratti o disturbi della personalità narcisistici, hanno individuato alcuni temi e modelli familiari: mentre le madri di questi uomini idealizzavano i propri figli, i padri si mostravano eccessivamente critici e talvolta sadici mostrando un rifiuto o disdegno per i loro fallimenti e considerandoli effemminati o poco virili.

Le madri a loro volta provavano e manifestavano disapprovazione nei confronti dei propri mariti che descrivevano come emotivamente distanti e insensibili. Esse costruivano spesso un'intimità speciale con i figli che tendevano a nascondere ai mariti/padri.

Il gruppo dei pari agiva spesso nei confronti di

questi bambini nello stesso modo negativo messo in atto dai padri e di conseguenza aggravavano il loro senso di isolamento e di solitudine rinforzando il loro sentimento di inadeguatezza.

I ragazzi cresciuti in famiglie di questo tipo, e che in seguito sceglievano il sacerdozio, trovavano nella Chiesa un rifugio che offriva loro l'involucro affettivo protettivo della madre e la possibilità di contrastare il senso di dolorosa distanza vissuto nella relazione con il padre e con il gruppo dei pari.

In seguito allo sviluppo di tali dinamiche, l'esperienza clinica ha portato ad ipotizzare che, accanto al profondo senso spirituale della chiamata religiosa, per alcuni uomini la decisione di diventare sacerdoti possa essere motivata anche dalla centralità del concetto di "padre".

La costante ricerca di amore e approvazione da parte di un padre benevolo potrebbe trovare gratificazione, almeno parzialmente, a livello intrapsichico nella relazione con i superiori durante la formazione in seminario e, in seguito, nel rapporto con gli altri sacerdoti.

In conclusione gli esperti nella valutazione e nel trattamento di sacerdoti che abusano di minori di sesso maschile concordano nel sostenere che, in apparenza, questi preti sono per molti versi simili ai colleghi che non commettono abusi.

Ad un'analisi approfondita, tuttavia, emergono alcune osservazioni e ipotesi comuni:

a) i sacerdoti che abusano di minori non si rivolgono ai bambini o bambine in età prepuberale ma per lo più ai maschi in età puberale (efebofilia);

b) alcuni di questi sacerdoti sono stati a loro volta vittime di incontri sessuali prematuri con un adulto durante l'infanzia, il che può avere alimentato alcuni processi psicodinamici e di difesa, in particolare la coazione a ripetere e l'identificazione con l'aggressore;

c) questi preti spesso mostrano deficit nelle capacità sociali o "immaturità" sociale e sviluppano quindi relazioni inadeguate;

d) essi soffrono di vari disturbi dello sviluppo psicosessuale, compresi confusione dell'orientamento sessuale, inibizione o blocco dell'attività eterosessuale o deficit nella "conoscenza sessuale";

e) i disturbi di personalità più comuni sono passività, dipendenza e narcisismo.

Non bisogna cadere nell'errata convinzione che chi è affetto da parafilie e altri disturbi, come appunto la pedofilia, decida di entrare in seminario per cercare potenziali vittime.

Al contrario, molti sono tormentati da queste inclinazioni e vedono nel sacramento dell'ordine o nella consacrazione una sorta di possibilità per trovare una magica guarigione.

Ben presto però il pensiero magico si scontra con la realtà, con conseguenza tragiche!

Chi crede che un impegno verso una vita celibe possa aiutarlo a buttarsi alle spalle le proprie difficoltà resterà infatti ossessionato dal problema: prima o poi un problema nell'area sessuale emergerà.

In qualche sacerdote si è riscontrato il piacere sacrilego di mischiare cose sacre (ostie, oggetti sacri) con la depravazione sessuale più turpe. Sembra quasi voler mettere in atto una sfida agli uomini, a Dio, alla propria stessa vocazione a "fare il prete".

Una liberazione da una vita di ipocrisia!

CONCLUSIONI

Lo scandalo della pedofilia nella Chiesa è una ferita ancora aperta che ha costretto tale istituzione ad ammettere le proprie responsabilità sia morali, che giuridiche che religiose di fronte ai propri fedeli e alla comunità intera e che ha portato ad una crisi peggiore di quella scatenata dalla vendita delle indulgenze conclusa con la protesta di Lutero.

Dai dati e dalle testimonianze raccolti abbiamo potuto notare che l'abuso sessuale su minori da parte di sacerdoti della Chiesa cattolica non riguarda unicamente il comportamento sbagliato di un singolo ma fonda le sue radici nelle caratteristiche strutturali della Chiesa cattolica che ha favorito il diffondersi del fenomeno e ne ha reso più difficile la prevenzione.

Anche in Polonia, dove la Chiesa è alla base dell'espressione dell'identità nazionale, la notizia ha scosso fortemente le coscienze. La rabbia ed il disagio sono cresciuti all'interno di tutta la comunità nonostante la tradizionale religiosità del popolo polacco e la salda fiducia verso il clero ritenuto da sempre "intoccabile".

La Chiesa in seguito al polverone mediatico che l'ha colpita ha reagito con strategie di tamponamento e rimedi parziali e non definitivi. Ha condannato gli abusi e coloro che hanno taciuto o applicato erroneamente le norme; ha riaffermato con fermezza l'importanza della castità e del celibato sacerdotale; ha proposto l'integrazione di strumenti psicologici nel curriculum formativo del clero.

Tutto questo però poco spazio ha dato ad una rivisitazione delle norme che regolano la formazione sacerdotale soprattutto riguardo la conoscenza del sesso: prima o poi anche la Chiesa dovrà confrontarsi con il tema della sessualità.

La violenza sessuale su un bambino o un adolescente da parte di un prete è nei fatti un incesto[19] perpetrato da chi ha, di fatto, il ruolo di padre della famiglia estesa del bambino: un uomo di cui quest'ultimo ha imparato, sin dalla nascita, a fidarsi più di chiunque altro, secondo solo a Dio.

L'epilogo degli abusi nella Chiesa rimane ancora tutto da scrivere ma occorre ricordare e sottolineare che non stiamo parlando soltanto di un peccato o di uno scandalo ma di un crimine!

---

[19] Si definisce "incesto" una relazione di natura sessuale che si instaura tra persone che hanno vincoli di consanguineità o di affinità.

BIBLIOGRAFIA

➢ Aletti Mario, Galea Paul, "Preti pedofili? La questione degli abusi sessuali nella Chiesa", Cittadella Editrice, Assisi, 2011.

➢ Baccaro Laura, "Rivista di psicodinamica criminale - periodico di saggi, criminologia e ricerche", anno IV – Padova, n. 4 dicembre 2011.

➢ Bruzzone Roberta, Caputo Alberto, "Criminologia dei sex offender", Giuffrè Francis Lefebvre, Milano, 2019.

➢ Cencini Amedeo – Deodato Anna - Gottfried Ugolini, "Abusi nella chiesa, un problema di tutti", La rivista del clero italiano, n.4 2019.

➢ Cucci Giovanni, Zollner Hans, "Chiesa e pedofilia. Una ferita aperta", Ancora Editrice, Milano, 2010.

➢ Frawley O'Dea Mary Gail, Goldner Virginia, "Atti impuri – La piaga dell'abuso sessuale nella Chiesa Cattolica", Raffaello Cortina Editore, Milano, 2009.

➢   John Jay College of Criminal Justice di New York, "The nature and scope of sexual abuse of minors by Catholic priests and deacons in the United States, 1950-2002", Washington, 2004.

SITOGRAFIA

❖   https://ilmanifesto.it - L'intreccio di abusi e complicità nella chiesa polacca che il governo amico non vuole vedere/ 23/10/19.

❖   https://thevision.com/attualita/preti-pedofilia/ 4 agosto 2020.

❖   https://youtu.be/BrUvQ3W3nV4 - Non lo dire a nessuno – Film documentario completo di Tomasz Sekielski, 2019.

❖   http://www.sagepublications.com - Karen J. Terry, "Stained Glass: The Nature and Scope of Child Sexual Abuse in the Catholic Church" in "Criminal Justice and Behavior", 2008.

Appendice A

LETTERA PASTORALE DEL SANTO PADRE BENEDETTO XVI AI CATTOLICI DELL'IRLANDA.

1. Cari fratelli e sorelle della Chiesa in Irlanda, è con grande preoccupazione che vi scrivo come Pastore della Chiesa universale. Come voi, sono stato profondamente turbato dalle notizie apparse circa l'abuso di ragazzi e giovani vulnerabili da parte di membri della Chiesa in Irlanda, in particolare da sacerdoti e da religiosi. Non posso che condividere lo sgomento e il senso di tradimento che molti di voi hanno sperimentato al venire a conoscenza di questi atti peccaminosi e criminali e del modo in cui le autorità della Chiesa in Irlanda li hanno affrontati.

Come sapete, ho recentemente invitato i vescovi irlandesi ad un incontro qui a Roma per riferire su come hanno affrontato queste questioni nel passato e indicare i passi che hanno preso per rispondere a questa grave situazione. Insieme con alcuni alti Prelati della Curia Romana ho ascoltato quanto avevano da dire, sia individualmente che come gruppo, mentre proponevano un'analisi degli errori compiuti e delle lezioni apprese, e una descrizione dei programmi e dei protocolli oggi in essere. Le nostre riflessioni sono state franche e costruttive. Nutro la fiducia che, come risultato, i vescovi si trovino ora in una posizione più forte per portare avanti il compito di riparare alle ingiustizie del passato e per affrontare le tematiche più ampie legate all'abuso dei minori secondo modalità conformi alle esigenze della giustizia e agli insegnamenti del Vangelo.

2. Da parte mia, considerando la gravità di queste colpe e la risposta spesso inadeguata ad esse riservata da parte delle autorità ecclesiastiche nel vostro Paese, ho deciso di scrivere questa Lettera Pastorale per esprimere la mia vicinanza a voi, e per proporvi un cammino di guarigione, di rinnovamento e di riparazione.

In realtà, come molti nel vostro Paese hanno rilevato, il problema dell'abuso dei minori non è specifico né dell'Irlanda né della Chiesa. Tuttavia il compito che ora vi sta dinnanzi è quello di affrontare il problema degli abusi verificatosi all'interno della comunità cattolica irlandese e di farlo con coraggio e determinazione. Nessuno si immagini che questa penosa situazione si risolverà in breve tempo. Positivi passi in avanti sono stati fatti, ma molto di più resta da fare. C'è bisogno di perseveranza e di preghiera, con grande fiducia nella forza risanatrice della grazia di Dio.

Al tempo stesso, devo anche esprimere la mia convinzione che, per riprendersi da questa dolorosa ferita, la Chiesa in Irlanda deve in primo luogo riconoscere davanti al Signore e davanti agli altri, i gravi peccati commessi contro ragazzi indifesi. Una tale consapevolezza, accompagnata da sincero dolore per il danno arrecato alle vittime e alle loro famiglie, deve condurre ad uno sforzo concertato per assicurare la protezione dei ragazzi nei confronti di crimini simili in futuro.

Mentre affrontate le sfide di questo momento, vi chiedo di ricordarvi della "roccia da cui siete stati tagliati" (*Is* 51, 1). Riflettete sui contributi generosi, spesso eroici, offerti alla Chiesa e all'umanità come tale dalle passate generazioni di uomini e donne irlandesi, e lasciate che ciò generi slancio per un onesto auto-esame e un convinto programma di rinnovamento ecclesiale e individuale. La mia preghiera è che, assistita dall'intercessione dei suoi molti santi e purificata dalla penitenza, la Chiesa in Irlanda superi la presente crisi e ritorni ad essere un testimone convincente della verità e della bontà di Dio onnipotente, rese manifeste nel suo Figlio Gesù Cristo.

3. Storicamente i cattolici d'Irlanda si sono dimostrati una enorme forza di bene sia in patria che fuori. Monaci celtici come San Colombano diffusero il vangelo nell'Europa Occidentale gettando le fondamenta della cultura monastica medievale. Gli ideali di santità, di carità e di sapienza trascendente che derivano dalla fede cristiana, hanno trovato espressione nella costruzione di chiese e monasteri e nell'istituzione di scuole, biblioteche e ospedali che consolidarono l'identità spirituale dell'Europa. Quei missionari irlandesi trassero la loro forza e ispirazione dalla solida fede, dalla forte guida e dai

retti comportamenti morali della Chiesa nella loro terra natìa.

Dal '500 in poi, i cattolici in Irlanda subirono un lungo periodo di persecuzione, durante il quale lottarono per mantenere viva la fiamma della fede in circostanze pericolose e difficili. Sant'Oliver Plunkett, l'Arcivescovo martire di Armagh, è l'esempio più famoso di una schiera di coraggiosi figli e figlie dell'Irlanda disposti a dare la propria vita per la fedeltà al Vangelo. Dopo l'Emancipazione Cattolica, la Chiesa fu libera di crescere di nuovo. Famiglie e innumerevoli persone che avevano preservato la fede durante i tempi della prova divennero la scintilla di una grande rinascita del cattolicesimo irlandese nell'800. La Chiesa fornì scolarizzazione, specialmente ai poveri, e questo avrebbe apportato un grande contributo alla società irlandese. Tra i frutti delle nuove scuole cattoliche vi fu un aumento di vocazioni: generazioni di sacerdoti, suore e fratelli missionari lasciarono la patria per servire in ogni continente, specie nel mondo di lingua inglese. Furono ammirevoli non solo per la vastità del loro numero, ma anche per la robustezza della fede e la solidità del loro impegno pastorale. Molte diocesi, specialmente in Africa, America e Australia, hanno beneficiato della presenza di clero e religiosi irlandesi che predicarono il Vangelo e fondarono parrocchie, scuole e università, cliniche e ospedali, che servirono sia i cattolici, sia la società in genere, con particolare attenzione alle necessità dei poveri.

In quasi tutte le famiglie dell'Irlanda vi è stato qualcuno – un figlio o una figlia, una zia o uno zio – che ha dato la propria vita alla Chiesa. Giustamente le famiglie irlandesi hanno in grande stima ed affetto i loro cari, che hanno offerto la propria vita a Cristo, condividendo il dono della fede con altri e attualizzandola in un'amorevole servizio di Dio e del prossimo.

4. Negli ultimi decenni, tuttavia, la Chiesa nel vostro Paese ha dovuto confrontarsi con nuove e gravi sfide alla fede scaturite dalla rapida trasformazione e secolarizzazione della società irlandese. Si è verificato un rapidissimo cambiamento sociale, che spesso ha colpito con effetti avversi la tradizionale adesione del popolo all'insegnamento e ai valori cattolici. Molto sovente le pratiche sacramentali e devozionali che sostengono la fede e la rendono capace di crescere, come ad esempio la frequente confessione, la preghiera quotidiana e i ritiri annuali, sono state disattese. Fu anche determinante in questo periodo la tendenza, anche da parte di sacerdoti e religiosi, di adottare modi di pensiero e di giudizio delle realtà secolari senza sufficiente riferimento al Vangelo. Il programma di rinnovamento proposto dal Concilio Vaticano Secondo fu a volte frainteso e in verità, alla luce dei profondi cambiamenti sociali che si stavano verificando, era tutt'altro che facile valutare il modo migliore per portarlo avanti. In particolare, vi fu una tendenza, dettata da retta intenzione ma errata, ad evitare approcci penali nei confronti di situazioni

canoniche irregolari. È in questo contesto generale che dobbiamo cercare di comprendere lo sconcertante problema dell'abuso sessuale dei ragazzi, che ha contribuito in misura tutt'altro che piccola all'indebolimento della fede e alla perdita del rispetto per la Chiesa e per i suoi insegnamenti.

Solo esaminando con attenzione i molti elementi che diedero origine alla presente crisi è possibile intraprendere una chiara diagnosi delle sue cause e trovare rimedi efficaci. Certamente, tra i fattori che vi contribuirono possiamo enumerare: procedure inadeguate per determinare l'idoneità dei candidati al sacerdozio e alla vita religiosa; insufficiente formazione umana, morale, intellettuale e spirituale nei seminari e nei noviziati; una tendenza nella società a favorire il clero e altre figure in autorità e una preoccupazione fuori luogo per il buon nome della Chiesa e per evitare gli scandali, che hanno portato come risultato alla mancata applicazione delle pene canoniche in vigore e alla mancata tutela della dignità di ogni persona. Bisogna agire con urgenza per affrontare questi fattori, che hanno avuto conseguenze tanto tragiche per le vite delle vittime e delle loro famiglie e hanno oscurato la luce del Vangelo a un punto tale cui non erano giunti neppure secoli di persecuzione.

5. In diverse occasioni sin dalla mia elezione alla Sede di Pietro, ho incontrato vittime di abusi sessuali, così come sono disponibile a farlo in futuro. Mi sono soffermato con loro, ho ascoltato le loro vicende, ho

preso atto della loro sofferenza, ho pregato con e per loro. Precedentemente nel mio pontificato, nella preoccupazione di affrontare questo tema, chiesi ai Vescovi d'Irlanda, in occasione della visita *ad Limina* del 2006, di "stabilire la verità di ciò che è accaduto in passato, prendere tutte le misure atte ad evitare che si ripeta in futuro, assicurare che i princìpi di giustizia vengano pienamente rispettati e, soprattutto, guarire le vittime e tutti coloro che sono colpiti da questi crimini abnormi" (*Discorso ai Vescovi dell'Irlanda*, 28 ottobre 2006).

Con questa Lettera, intendo esortare *tutti voi*, come popolo di Dio in Irlanda, a riflettere sulle ferite inferte al corpo di Cristo, sui rimedi, a volte dolorosi, necessari per fasciarle e guarirle, e sul bisogno di unità, di carità e di vicendevole aiuto nel lungo processo di ripresa e di rinnovamento ecclesiale. Mi rivolgo ora a voi con parole che mi vengono dal cuore, e desidero parlare a ciascuno di voi individualmente e a tutti voi come fratelli e sorelle nel Signore.

6. *Alle vittime di abuso e alle loro famiglie*

Avete sofferto tremendamente e io ne sono veramente dispiaciuto. So che nulla può cancellare il male che avete sopportato. È stata tradita la vostra fiducia, e la vostra dignità è stata violata. Molti di voi avete sperimentato che, quando eravate sufficientemente coraggiosi per parlare di quanto vi era accaduto, nessuno vi ascoltava. Quelli di voi che avete subìto abusi nei convitti dovete aver percepito che non vi era modo di fuggire dalle vostre sofferenze. È comprensibile che voi troviate difficile perdonare o essere riconciliati con la Chiesa. A suo nome esprimo apertamente la vergogna e il rimorso che tutti proviamo. Allo stesso tempo vi chiedo di non perdere la speranza. È nella comunione della Chiesa che incontriamo la persona di Gesù Cristo, egli stesso vittima di ingiustizia e di peccato. Come voi, egli porta ancora le ferite del suo ingiusto patire. Egli comprende la profondità della vostra pena e il persistere del suo effetto nelle vostre vite e nei vostri rapporti con altri, compresi i vostri rapporti con la Chiesa. So che alcuni di voi trovano difficile anche entrare in una chiesa dopo quanto è avvenuto. Tuttavia, le stesse ferite di Cristo, trasformate dalle sue sofferenze redentrici, sono gli strumenti grazie ai quali il potere del male è infranto e noi rinasciamo alla vita e alla speranza. Credo fermamente nel potere risanatore del suo amore sacrificale – anche nelle situazioni più buie e senza speranza – che porta la liberazione e la promessa di un nuovo inizio.

Rivolgendomi a voi come pastore, preoccupato per il bene di tutti i figli di Dio, vi chiedo con umiltà di riflettere su quanto vi ho detto. Prego che, avvicinandovi a Cristo e partecipando alla vita della sua Chiesa – una Chiesa purificata dalla penitenza e rinnovata nella carità pastorale – possiate arrivare a riscoprire l'infinito amore di Cristo per ciascuno di voi. Sono fiducioso che in questo modo sarete capaci di trovare riconciliazione, profonda guarigione interiore e pace.

7. *Ai sacerdoti e ai religiosi che hanno abusato dei ragazzi*

Avete tradito la fiducia riposta in voi da giovani innocenti e dai loro genitori. Dovete rispondere di ciò davanti a Dio onnipotente, come pure davanti a tribunali debitamente costituiti. Avete perso la stima della gente dell'Irlanda e rovesciato vergogna e disonore sui vostri confratelli. Quelli di voi che siete sacerdoti avete violato la santità del sacramento dell'Ordine Sacro, in cui Cristo si rende presente in noi e nelle nostre azioni. Insieme al danno immenso causato alle vittime, un grande danno è stato perpetrato alla Chiesa e alla pubblica percezione del sacerdozio e della vita religiosa.

Vi esorto ad esaminare la vostra coscienza, ad assumervi la responsabilità dei peccati che avete commesso e ad esprimere con umiltà il vostro rincrescimento. Il pentimento sincero apre la porta al perdono di Dio e alla grazia del vero emendamento. Offrendo preghiere e penitenze per coloro che avete offeso, dovete cercare di fare personalmente ammenda per le vostre azioni. Il sacrificio redentore di Cristo ha il potere di perdonare persino il più grave dei peccati e di trarre il bene anche dal più terribile dei mali. Allo stesso tempo, la giustizia di Dio esige che rendiamo conto delle nostre azioni senza nascondere nulla. Riconoscete apertamente la vostra colpa, sottomettetevi alle esigenze della giustizia, ma non disperate della misericordia di Dio.

8. *Ai genitori*

Siete stati profondamente sconvolti nell'apprendere le cose terribili che ebbero luogo in quello che avrebbe dovuto essere l'ambiente più sicuro di tutti. Nel mondo di oggi non è facile costruire un focolare domestico ed educare i figli. Essi meritano di crescere in un ambiente sicuro, amati e desiderati, con un forte senso della loro identità e del loro valore. Hanno diritto ad essere educati ai valori morali autentici, radicati nella dignità della persona umana, ad essere ispirati dalla verità della nostra fede cattolica e ad apprendere modi di comportamento e di azione che li portino ad una sana stima di sé e alla felicità duratura. Questo compito nobile ed esigente è affidato in primo luogo a voi, loro genitori. Vi esorto a fare la vostra parte per assicurare la miglior cura possibile dei ragazzi, sia in casa che nella società in genere, mentre la Chiesa, da parte sua, continua a mettere in pratica le misure adottate negli ultimi anni per tutelare i giovani negli ambienti parrocchiali ed educativi. Mentre portate avanti le vostre importanti responsabilità, siate certi che sono vicino a voi e che vi porgo il sostegno della mia preghiera.

9. *Ai ragazzi e ai giovani dell'Irlanda*

Desidero offrirvi una particolare parola di incoraggiamento. La vostra esperienza di Chiesa è molto diversa da quella dei vostri genitori e dei vostri nonni. Il mondo è molto cambiato da quando essi avevano la vostra età. Nonostante ciò, tutti, in ogni generazione, sono chiamati a percorrere lo stesso cammino della vita, qualunque possano essere le circostanze. Siamo tutti scandalizzati per i peccati e i fallimenti di alcuni membri della Chiesa, particolarmente di coloro che furono scelti in modo speciale per guidare e servire i giovani. Ma è *nella Chiesa* che voi troverete Gesù Cristo che è lo stesso ieri, oggi e sempre (cfr *Eb* 13, 8). Egli vi ama e per voi ha offerto se stesso sulla croce. Cercate un rapporto personale con lui nella comunione della sua Chiesa, perché lui non tradirà mai la vostra fiducia! Lui solo può soddisfare le vostre attese più profonde e dare alle vostre vite il loro significato più pieno indirizzandole al servizio degli altri. Tenete gli occhi fissi su Gesù e sulla sua bontà e proteggete nel vostro cuore la fiamma della fede. Insieme con i vostri fratelli cattolici in Irlanda guardo a voi perché siate fedeli discepoli del nostro Dio e contribuiate con il vostro entusiasmo e il vostro idealismo tanto necessari alla ricostruzione e al rinnovamento della nostra amata Chiesa.

10. *Ai sacerdoti e ai religiosi dell'Irlanda*

Tutti noi stiamo soffrendo come conseguenza dei peccati di nostri confratelli che hanno tradito una consegna sacra o non hanno affrontato in modo giusto e responsabile le accuse di abuso. Di fronte all'oltraggio e all'indignazione che ciò ha provocato, non soltanto tra i laici ma anche tra voi e le vostre comunità religiose, molti di voi si sentono personalmente scoraggiati e anche abbandonati. Sono consapevole inoltre che agli occhi di alcuni apparite colpevoli per associazione, e siete visti come se foste in qualche modo responsabili dei misfatti di altri. In questo tempo di sofferenza, voglio darvi atto della dedizione della vostra vita di sacerdoti e religiosi e dei vostri apostolati, e vi invito a riaffermare la vostra fede in Cristo, il vostro amore verso la sua Chiesa e la vostra fiducia nella promessa di redenzione, di perdono e di rinnovamento interiore del Vangelo. In questo modo, dimostrerete a tutti che dove abbonda il peccato, sovrabbonda la grazia (cfr *Rm* 5, 20).

So che molti di voi sono delusi, sconcertati e adirati per il modo in cui queste questioni sono state affrontate da alcuni vostri superiori. Ciononostante, è essenziale che collaboriate da vicino con coloro che sono in autorità e che vi adoperiate a far sì che le misure adottate per rispondere alla crisi siano veramente evangeliche, giuste ed efficaci. Soprattutto, vi esorto a diventare sempre più chiaramente uomini e donne di preghiera, seguendo con coraggio la via della conversione, della purificazione e della riconciliazione. In questo modo, la Chiesa in Irlanda trarrà nuova vita e vitalità dalla vostra testimonianza al potere redentore del Signore reso visibile nella vostra vita.

11. *Ai miei fratelli vescovi*

Non si può negare che alcuni di voi e dei vostri predecessori avete mancato, a volte gravemente, nell'applicare le norme del diritto canonico codificate da lungo tempo circa i crimini di abusi di ragazzi. Seri errori furono commessi nel trattare le accuse. Capisco quanto era difficile afferrare l'estensione e la complessità del problema, ottenere informazioni affidabili e prendere decisioni giuste alla luce di consigli divergenti di esperti. Ciononostante, si deve ammettere che furono commessi gravi errori di giudizio e che si sono verificate mancanze di governo. Tutto questo ha seriamente minato la vostra credibilità ed efficacia. Apprezzo gli sforzi che avete fatto per porre rimedio agli errori del passato e per assicurare che non si ripetano. Oltre a mettere pienamente in atto le norme del diritto canonico nell'affrontare i casi di abuso dei ragazzi, continuate a cooperare con le autorità civili nell'ambito di loro competenza. Chiaramente, i superiori religiosi devono fare altrettanto. Anch'essi hanno partecipato a recenti incontri qui a Roma intesi a stabilire un approccio chiaro e coerente a queste questioni. È doveroso che le norme della Chiesa in Irlanda per la tutela dei ragazzi siano costantemente riviste ed aggiornate e che siano applicate in modo pieno ed imparziale in conformità con il diritto canonico.

Soltanto un'azione decisa portata avanti con piena onestà e trasparenza potrà ripristinare il rispetto e il benvolere degli Irlandesi verso la Chiesa alla quale abbiamo consacrato la nostra vita. Ciò deve scaturire, prima di tutto, dal vostro esame di voi stessi, dalla purificazione interiore e dal rinnovamento spirituale. La gente dell'Irlanda giustamente si attende che siate uomini di Dio, che siate santi, che viviate con semplicità, che ricerchiate ogni giorno la conversione personale. Per loro, secondo l'espressione di Sant'Agostino, siete vescovi; eppure con loro siete chiamati ad essere seguaci di Cristo (cfr *Discorso* 340, 1). Vi esorto dunque a rinnovare il vostro senso di responsabilità davanti a Dio, a crescere in solidarietà con la vostra gente e ad approfondire la vostra sollecitudine pastorale per tutti i membri del vostro gregge. In particolare, siate sensibili alla vita spirituale e morale di ciascuno dei vostri sacerdoti. Siate un esempio con le vostre stesse vite, siate loro vicini, prestate ascolto alle loro preoccupazioni, offrite loro incoraggiamento in questo tempo di difficoltà e alimentate la fiamma del loro amore per Cristo e il loro impegno nel servizio dei loro fratelli e sorelle.

Anche i laici devono essere incoraggiati a fare la loro parte nella vita della Chiesa. Fate in modo che siano formati in modo tale che possano dare ragione in modo articolato e convincente del Vangelo nella società moderna (cfr *1 Pt* 3, 15), e cooperino più pienamente alla vita e alla missione della Chiesa. Questo, a sua volta, vi aiuterà a ritornare ad essere guide e testimoni credibili della verità redentrice di Cristo.

12. *A tutti i fedeli dell'Irlanda*

L'esperienza che un giovane fa della Chiesa dovrebbe sempre portare frutto in un incontro personale e vivificante con Gesù Cristo in una comunità che ama e che offre nutrimento. In questo ambiente, i giovani devono essere incoraggiati a crescere fino alla loro piena statura umana e spirituale, ad aspirare ad alti ideali di santità, di carità e di verità e a trarre ispirazione dalle ricchezze di una grande tradizione religiosa e culturale. Nella nostra società sempre più secolarizzata, in cui anche noi cristiani sovente troviamo difficile parlare della dimensione trascendente della nostra esistenza, abbiamo bisogno di trovare nuove vie per trasmettere ai giovani la bellezza e la ricchezza dell'amicizia con Gesù Cristo nella comunione della sua Chiesa. Nell'affrontare la presente crisi, le misure per occuparsi in modo giusto dei singoli crimini sono essenziali, tuttavia da sole non sono sufficienti: vi è bisogno di una nuova visione per ispirare la generazione presente e quelle future a far tesoro del dono della nostra comune fede. Camminando sulla via indicata dal Vangelo, osservando i comandamenti e conformando la vostra vita in modo sempre più vicino alla persona di Gesù Cristo, farete esperienza del profondo rinnovamento di cui oggi vi è così urgente bisogno. Vi invito tutti a perseverare lungo questo cammino.

13. Cari fratelli e sorelle in Cristo, è con profonda preoccupazione verso voi tutti in questo tempo di

dolore, nel quale la fragilità della condizione umana è stata così chiaramente rivelata, che ho desiderato offrirvi queste parole di incoraggiamento e di sostegno. Spero che le accoglierete come un segno della mia spirituale vicinanza e della mia fiducia nella vostra capacità di rispondere alle sfide dell'ora presente traendo rinnovata ispirazione e forza dalle nobili tradizioni dell'Irlanda di fedeltà al Vangelo, di perseveranza nella fede e di risolutezza nel conseguimento della santità. Insieme con tutti voi, prego con insistenza che, con la grazia di Dio, le ferite che hanno colpito molte persone e famiglie possano essere guarite e che la Chiesa in Irlanda possa sperimentare una stagione di rinascita e di rinnovamento spirituale.

14. Desidero proporvi alcune iniziative concrete per affrontare la situazione.

Al termine del mio incontro con i vescovi dell'Irlanda, ho chiesto che la <u>quaresima</u> di quest'anno sia considerata tempo di preghiera per una effusione della misericordia di Dio e dei doni di santità e di forza dello Spirito Santo sulla Chiesa nel vostro Paese. Invito ora voi tutti a dedicare le vostre penitenze del venerdì, per un intero anno, da ora fino alla Pasqua del 2011, per questa finalità. Vi chiedo di offrire il vostro digiuno, la vostra preghiera, la vostra lettura della Sacra Scrittura e le vostre opere di misericordia per ottenere la grazia della guarigione e del rinnovamento per la Chiesa in Irlanda. Vi incoraggio a riscoprire il sacramento della

Riconciliazione e ad avvalervi con maggiore frequenza della forza trasformatrice della sua grazia.

Particolare attenzione dovrà anche essere riservata all'adorazione eucaristica, e in ogni diocesi vi dovranno essere chiese o cappelle specificamente riservate a questo fine. Chiedo che le parrocchie, i seminari, le case religiose e i monasteri organizzino tempi per l'adorazione eucaristica, in modo che tutti abbiano la possibilità di prendervi parte. Con la preghiera fervorosa di fronte alla reale presenza del Signore, potete compiere la riparazione per i peccati di abuso che hanno recato tanto danno, e al tempo stesso implorare la grazia di una rinnovata forza e di un più profondo senso della missione da parte di tutti i vescovi, i sacerdoti, i religiosi e i fedeli.

Sono fiducioso che questo programma porterà ad una rinascita della Chiesa in Irlanda nella pienezza della verità stessa di Dio, poiché è la verità che ci rende liberi (cfr *Gv* 8, 32).

Inoltre, dopo essermi consultato e aver pregato sulla questione, intendo indire una Visita Apostolica in alcune diocesi dell'Irlanda, come pure in seminari e congregazioni religiose. La Visita si propone di aiutare la Chiesa locale nel suo cammino di rinnovamento e sarà stabilita in cooperazione con i competenti uffici della Curia Romana e la Conferenza Episcopale Irlandese. I particolari saranno resi noti a suo tempo.

Propongo inoltre che si tenga una Missione a livello nazionale per tutti i vescovi, i sacerdoti e i religiosi. Nutro la speranza che, attingendo dalla competenza di esperti predicatori e organizzatori di ritiri sia dall'Irlanda che da altrove, e riesaminando i documenti conciliari, i riti liturgici dell'ordinazione e della professione e i recenti insegnamenti pontifici, giungiate ad un più profondo apprezzamento delle vostre rispettive vocazioni, in modo da riscoprire le radici della vostra fede in Gesù Cristo e da bere abbondantemente dalle sorgenti dell'acqua viva che egli vi offre attraverso la sua Chiesa.

In questo <u>Anno dedicato ai Sacerdoti</u>, vi do in consegna in modo del tutto particolare la figura di San Giovanni Maria Vianney, che ebbe una così ricca comprensione del mistero del sacerdozio. "Il sacerdote, scrisse, ha la chiave dei tesori del cielo: è lui che apre la porta, è lui il dispensiere del buon Dio, l'amministratore dei suoi beni". Il Curato d'Ars ben comprese quanto grandemente benedetta è una comunità quando è servita da un sacerdote buono e santo: "Un buon pastore, un pastore secondo il cuore di Dio, è il tesoro più grande che il buon Dio può dare ad una parrocchia e uno dei doni più preziosi della divina misericordia". Per intercessione di San Giovanni Maria Vianney possa il sacerdozio in Irlanda riprendere vita e possa l'intera Chiesa in Irlanda crescere nella stima del grande dono del ministero sacerdotale.

Colgo questa opportunità per ringraziare fin d'ora

tutti coloro che saranno coinvolti nell'impegno di organizzare la Visita Apostolica e la Missione, come pure i molti uomini e donne che in tutta l'Irlanda stanno già adoperandosi per la tutela dei ragazzi negli ambienti ecclesiali. Fin da quando la gravità e l'estensione del problema degli abusi sessuali dei ragazzi in istituzioni cattoliche incominciò ad essere pienamente compreso, la Chiesa ha compiuto una grande mole di lavoro in molte parti del mondo, al fine di affrontarlo e di porvi rimedio. Mentre non si deve risparmiare alcuno sforzo per migliorare ed aggiornare procedure già esistenti, mi incoraggia il fatto che le prassi vigenti di tutela, fatte proprie dalle Chiese locali, sono considerate, in alcune parti del mondo, un modello da seguire per altre istituzioni.

Desidero concludere questa Lettera con una speciale *Preghiera per la Chiesa in Irlanda*, che vi invio con la cura che un padre ha per i suoi figli e con l'affetto di un cristiano come voi, scandalizzato e ferito per quanto è accaduto nella nostra amata Chiesa. Mentre utilizzerete questa preghiera nelle vostre famiglie, parrocchie e comunità, possa la Beata Vergine Maria proteggervi e guidarvi lungo la via che conduce ad una più stretta unione con il suo Figlio, crocifisso e risorto. Con grande affetto e ferma fiducia nelle promesse di Dio, di cuore imparto a tutti voi la mia Benedizione Apostolica come pegno di forza e pace nel Signore.

Dal Vaticano, 19 marzo 2010, Solennità di San Giuseppe **BENEDICTUS PP. XVI**

Appendice B

Conferenza Episcopale Italiana e Conferenza Italiana Superiori Maggiori.
Linee guida per la tutela dei minori e delle persone vulnerabili. Roma, 24 giugno 2019.
INDICAZIONI OPERATIVE
1. DESTINATARI
Le presenti Linee guida si applicano a tutti coloro che operano, a qualsiasi titolo, individuale o associato, all'interno delle comunità ecclesiali in Italia. Esse si applicano anche, compatibilmente al diritto proprio e alla normativa canonica, a tutti gli Istituti di Vita Consacrata e Società di Vita apostolica, nella misura in cui questi non dispongano di proprie Linee guida.
2. ASCOLTO, ACCOGLIENZA E ACCOMPAGNAMENTO DELLE VITTIME
2.1 Chi afferma di essere stato vittima di un abuso sessuale in ambito ecclesiale, come pure i suoi familiari, hanno diritto ad essere accolti, ascoltati e accompagnati: il Vescovo e il Superiore competente devono sempre essere disposti ad accogliere e ascoltare queste persone, sia personalmente sia attraverso un proprio delegato esperto in materia.
2.2 L'ascolto di coloro che affermano di aver sofferto un abuso sessuale in ambito ecclesiale deve continuare nel tempo e farsi percorso di tutela e di cura attraverso cammini di giustizia e riconciliazione.
2.3 Poiché ogni abuso sessuale colpisce la totalità della persona in ogni suo aspetto - fisico, psichico,

relazionale, morale - e soprattutto può creare una ferita profonda nel suo vissuto spirituale, la Chiesa assicura alle vittime e alle loro famiglie sostegno terapeutico, psicologico e spirituale.

2.4 Ogni forma di sostegno delle vittime e della loro sofferenza da parte della comunità ecclesiale deve avvenire secondo principi di legalità e trasparenza, così da non poter mai essere considerata un mezzo per tacitare le vittime stesse, ma una modalità con cui cercare di lenirne la sofferenza e favorirne la guarigione interiore.

2.5 Anche le comunità ecclesiali coinvolte più da vicino vanno adeguatamente accompagnate e supportate nell'elaborazione dell'abuso avvenuto.

3. SELEZIONE E FORMAZIONE DEGLI OPERATORI PASTORALI

3.1 La disponibilità di chi intende collaborare nelle strutture ecclesiali, a qualsiasi titolo, dal rapporto di lavoro a quello di volontariato, deve essere vagliata e accolta con attenzione.

3.2 Chiunque opera nelle comunità ecclesiali deve essere consapevole e far proprie queste Linee guida nella condivisione del comune impegno per la tutela dei minori.

3.3 Per rafforzare una cultura della protezione dei minori è necessario curare con particolare attenzione la formazione e l'educazione di coloro che operano nelle comunità ecclesiali. A tal fine il *Servizio Regionale per la Tutela dei Minori* (=*SRTM*), il *Servizio Interdiocesano per la Tutela dei Minori* (=*SITM*) e il *Referente Diocesano per la Tutela dei Minori* (=*RDTM*), anche sulla base di quanto proposto dal *Servizio Nazionale per la Tutela dei Minori (=SNTM)*:

a) promuovono specifici programmi di selezione e formazione di coloro che operano a contatto con i minori;

b) in collaborazione con genitori, autorità civili, educatori e altre organizzazioni della comunità predispongono percorsi di formazione in merito ai modi in cui realizzare e mantenere un ambiente sicuro per i minori. Tali percorsi, adatti all'età, dovranno spiegare cosa sia l'abuso sessuale, come identificarlo, quali siano le tecniche di adescamento, come riportare i sospetti abusi sessuali alle autorità civili ed ecclesiastiche;

c) predispongono testi appropriati di preghiere e catechesi sul tema della dignità e del rispetto dei minori per favorire e accrescere la vita spirituale della comunità, necessario fondamento di una reale e consapevole cura dei più fragili.

4.   SELEZIONE,   FORMAZIONE   E ACCOMPAGNAMENTO DEL CLERO

4.1 Particolare cura e attenzione deve essere riservata alla selezione dei candidati all'ordine sacro e alla vita consacrata. I Vescovi e i Superiori maggiori non vi ammettano persone che non abbiano dimostrato un profondo e strutturato equilibrio personale e spirituale.

4.2 Ai futuri chierici e religiosi deve essere garantita una sana formazione umana, psicologico-affettiva e spirituale. Pertanto «nel programma sia della formazione iniziale che di quella permanente, sono da inserire lezioni specifiche, seminari o corsi sulla protezione dei minori. Una informazione adeguata deve essere impartita in modo adatto, dando anche rilievo alle aree di possibile sfruttamento e violenza, come, ad esempio, la tratta dei minori, il lavoro minorile e gli abusi sessuali sui minori o sugli adulti vulnerabili» (*Ratio Fundamentalis Institutionis Sacerdotalis*, n. 202), la pedopornografia. I futuri chierici, come pure i candidati alla vita religiosa, siano resi consapevoli delle loro responsabilità a tal riguardo, sia ai sensi del diritto canonico che del diritto civile.

4.3 «Massima attenzione dovrà essere prestata al tema della tutela dei minori e degli adulti vulnerabili, vigilando che coloro che chiedono l'ammissione in un Seminario o in una casa di formazione, o che già presentano la domanda per ricevere gli Ordini o la consacrazione religiosa, non siano incorsi in alcun modo in delitti o situazioni problematiche in questo ambito» (*Ratio Fundamentalis Institutionis Sacerdotalis*, n. 202). Oltre alla documentazione stabilita dal diritto universale, particolare e proprio, venga sempre richiesto ai candidati agli ordini sacri e alla vita consacrata di sottoporsi a una valutazione specialistica effettuata da un esperto approvato dall'Ordinario, che possa ragionevolmente escludere che il candidato sia affetto da deviazioni sessuali ovvero da disturbi della personalità o da altri disturbi psichiatrici, che possano incidere sul controllo degli impulsi sessuali, favorendo la commissione di reati sessuali o l'assunzione di comportamenti sessuali inappropriati. Piena osservanza deve essere assicurata alle previsioni contenute nel *Decreto generale circa la ammissione in seminario di candidati provenienti da altri seminari o famiglie religiose* (CEI, 27 marzo 1999), riservando una rigorosa attenzione allo scambio d'informazioni, complete e veritiere, in merito a quei candidati al sacerdozio che si trasferiscono da un seminario all'altro, tra diocesi diverse o tra istituti religiosi e diocesi (cfr. *Ratio Fundamentalis Institutionis Sacerdotalis*, n. 198). La documentazione ecclesiastica potrà essere opportunamente completata con attestazioni civili che escludano qualsiasi precedente in materia.

4.4 La formazione dei chierici e dei religiosi sulle tematiche relative alla tutela e protezione dei minori e delle persone vulnerabili e alla prevenzione degli abusi deve continuare dopo l'ordinazione sacerdotale e la professione religiosa, con contenuti specifici, a seconda del ministero pastorale di ciascuno.

4.5 Nel caso di sacerdoti extradiocesani che esercitano un ministero pastorale in diocesi, anche temporaneo, così come per i religiosi ai quali viene affidato dal Vescovo un incarico diocesano, il Vescovo o il Superiore maggiore *ad quem* deve ricevere dal Vescovo o Superiore *a quo* informazioni scritte, veritiere e complete, comprensive di eventuali elementi di sospetto o allarme. Lo stesso obbligo incombe al Vescovo o Superiore che autorizza o dispone l'esercizio del ministero in altre circoscrizioni ecclesiastiche. La documentazione ecclesiastica potrà essere opportunamente completata con attestazioni civili che escludano qualsiasi precedente in materia.

5. TRATTAZIONE DELLE SEGNALAZIONI DI PRESUNTI ABUSI SESSUALI

5.1 Non esiste ancora una definizione universale dell'abuso sessuale e ciò è dovuto alle differenze culturali e alle diverse norme stabilite dai singoli Stati, che rendono quindi difficile uniformare, anche scientificamente, i criteri. In merito, l'Organizzazione Mondiale della Sanità così si esprime: «Per abuso sessuale si definisce il coinvolgimento di un minore in atti sessuali che egli o essa non comprende completamente, per i quali non è in grado di acconsentire o per i quali il bambino non ha ancora raggiunto un livello di sviluppo adeguato, o ancora che violano la legge o i tabù sociali. I minori possono essere abusati sessualmente sia da adulti che da altri minori che sono, in ragione della loro età o livello di sviluppo, in una posizione di responsabilità, fiducia o potere nei confronti della vittima» (OMS, *Rapporto mondiale sulla violenza e la salute*, 2002).

5.2 La normativa canonica annovera gli abusi sessuali commessi da chierici su minori tra i «delitti più gravi contro i costumi riservati al giudizio della Congregazione per la Dottrina della Fede». In particolare, stabilisce che venga perseguito «il delitto contro il sesto comandamento del Decalogo commesso da un chierico con un minore di diciotto anni» e «l'acquisizione o la detenzione o la divulgazione, a fine di libidine, di immagini pornografiche di minori sotto i quattordici anni da parte di un chierico, in qualunque modo o con qualunque strumento» (cfr. *Normae de delictis reservatis*, art. 6 § 1, 1° e 2°). Il m.p. *Vos estis lux mundi* specifica ulteriormente che i delitti contro il sesto comandamento del Decalogo perseguiti consistono: «i. nel costringere qualcuno, con violenza o minaccia o mediante abuso di autorità, a compiere o subire atti sessuali; ii. nel compiere atti sessuali con un minore o con una persona vulnerabile; iii. nella produzione, nell'esibizione, nella detenzione o nella distribuzione, anche per via telematica, di materiale pedopornografico, nonché nel reclutamento o nell'induzione di un minore o di una persona vulnerabile a partecipare ad esibizioni pornografiche» (art. 1, § 1, lett. a).

5.3 Per «*minore*» si intende ogni persona avente un'età inferiore a diciott'anni. Al minore è equiparata, dalla normativa canonica, la persona che abitualmente ha un uso imperfetto della ragione (cfr. *Normae de delictis reservatis*, art. 6 § 1, 1°).

5.4 Per «*persona vulnerabile*» si intende ogni persona in stato d'infermità, di deficienza fisica o psichica, o di privazione della libertà personale che di fatto, anche occasionalmente, ne limiti la capacità di intendere o di volere o comunque di resistere all'offesa (cfr. *Vos estis lux mundi*, art. 1, § 2, b).

5.5 Non può essere tollerato nessun clima di complice e omertoso silenzio in tema di abuso sessuale nei confronti di minori o persone vulnerabili: chiunque abbia notizia della presunta commissione in ambito ecclesiale di abusi sessuali nei confronti di minori o persone vulnerabili è chiamato a segnalare tempestivamente i fatti di sua conoscenza alla competente autorità ecclesiastica, a tutela dei minori e delle persone vulnerabili, della ricerca della verità e del ristabilimento della giustizia, se lesa.

5.6 La segnalazione non solo non esclude, ma neppure intende ostacolare la presentazione di denuncia alla competente autorità dello Stato, che anzi viene incoraggiata. Per questo motivo, il segnalante di presunti abusi sessuali su minorenni commessi in ambito ecclesiale e/o colui che dichiara di aver sofferto tale delitto e/o i suoi genitori o tutori vengano sempre e chiaramente informati dall'autorità ecclesiastica della possibilità di presentare denuncia secondo le leggi dello Stato e del fatto che la procedura canonica, indipendente e autonoma rispetto a quella civile, non intende in alcun modo sostituirsi a essa.

5.7 Salvo nel caso previsto dai cann. 1548 § 2 CIC e 1229 § 2 CCEO, ogni qualvolta un chierico o un membro di un Istituto di vita consacrata o di una Società di vita apostolica abbia notizia o fondati motivi per ritenere che sia stato commesso abuso sessuale su minori o persona vulnerabile da parte di un chierico o di un membro di un Istituto di vita consacrata o di una Società di vita apostolica, ha l'obbligo di segnalare tempestivamente il fatto all'Ordinario del luogo dove sarebbero accaduti i fatti o ad un altro Ordinario tra quelli di cui ai cann. 134 CIC e 984 CCEO. Questa segnalazione non costituisce una violazione del segreto d'ufficio né può dar luogo a pregiudizi, ritorsioni o discriminazioni (cfr. *Vos estis lux mundi*, artt. 3, § 1; 4, § 1).

5.8 Ogni segnalazione deve essere accolta dall'Ordinario che può opportunamente avvalersi del *SRTM/SITM/RDTM*. Questi, attraverso personale appositamente formato e dotato delle qualità umane necessarie, secondo i protocolli stabiliti dal *SNTM*, assicura l'accoglienza, l'ascolto competente e l'accompagnamento rispettoso delle segnalazioni.

5.9 Qualora la segnalazione indirizzata direttamente al *SRTM/SITM/RDTM* riguardi un chierico andrà informato il Vescovo o il Superiore competente, perché proceda all'indagine previa prevista dalle procedure canoniche.

5.10 L'ascolto e l'accoglienza del segnalante e/o di colui che dichiara di aver subìto un abuso sessuale e/o dei suoi familiari deve avvenire in un ambiente accessibile, protetto e riservato. A tutela della trasparenza dell'attività espletata, è opportuno che ogni colloquio con l'autorità ecclesiastica sia debitamente documentato quantomeno mediante un testo sottoscritto congiuntamente dagli intervenuti o altra modalità convenuta tra i presenti.

5.11 La segnalazione deve contenere elementi circostanziati, come indicazioni di tempo e di luogo dei fatti, delle persone coinvolte o informate, nonché ogni altra circostanza che possa essere utile al fine di assicurare un'accurata valutazione (cfr. *Vos estis lux mundi*, art. 3, § 4).

5.12 Le segnalazioni saranno tutelate e trattate in modo da garantirne la sicurezza, l'integrità e la riservatezza ai sensi dei cann. 471, 2° CIC e 244 § 2, 2° CCEO (cfr. *Vos estis lux mundi*, art. 2, § 2).

5.13 A chi effettua una segnalazione non può essere

imposto alcun vincolo di silenzio riguardo al contenuto di essa (cfr. *Vos estis lux mundi*, art. 4, § 3).

5.14 Il segnalante potrà anche richiedere che la sua identità non venga resa nota all'accusato; tale richiesta sarà accolta se, nel caso concreto, sia consentita dalla normativa canonica e se la testimonianza del segnalante non risulterà determinante nell'accertamento del fatto segnalato.

5.15 Salvo che la segnalazione riguardi Vescovi o coloro che sono ad essi equiparati (cfr. *Vos estis lux mundi*, art. 6), l'Ordinario che ha ricevuto la segnalazione la trasmetta senza indugio all'Ordinario del luogo dove sarebbero avvenuti i fatti, nonché all'Ordinario proprio della persona segnalata, i quali procederanno a norma del diritto secondo quanto previsto per il caso specifico (cfr. *Vos estis lux mundi*, art. 2, § 3).

5.16 Per quanto riguarda le segnalazioni a carico dei Vescovi o di coloro che sono ad essi equiparati riguardanti presunti abusi sessuali commessi su minori o persone vulnerabili, piuttosto che condotte tenute dai medesimi non conformi alla normativa vigente in relazione a indagini circa abusi sessuali commessi da chierici o religiosi, queste andranno trattate secondo le disposizioni della Lettera Apostolica *Vos estis lux mundi*.

5.17 Qualora l'autorità ecclesiastica fosse messa a conoscenza di abusi sessuali su minorenni commessi da operatori pastorali laici che operano nelle comunità ecclesiali, ferma restando la presunzione di innocenza dell'accusato fino alla condanna definitiva e la tutela della buona fama delle persone coinvolte, eventualmente sentito il RDTM o il SIDT/SRTM, si atterrà alle norme civili e canoniche in materia; se richiesta, fornirà piena collaborazione all'autorità giudiziaria; adotterà comunque i provvedimenti cautelativi che rientrano nelle sue possibilità per tutelare al meglio i minori coinvolti nelle attività pastorali.

6. LE PROCEDURE CANONICHE IN CASO DI PRESUNTO ABUSO SESSUALE COMMESSO DA PARTE DI CHIERICI NEI CONFRONTI DI MINORI

6.1 L'Ordinario competente, quando abbia notizia di possibili abusi in materia sessuale nei confronti di minori ad opera di chierici sottoposti alla sua giurisdizione, deve innanzitutto procedere ad espletare gli accertamenti di carattere strettamente preliminare di cui ai cann. 1717, § 1 CIC e 1468 § 1 CCEO (cfr. anche *Normae de delictis reservatis*, art. 17), relativi alla verifica della verosimiglianza della *notitia criminis*; affiderà il relativo incarico, qualora fosse ritenuto giusto ed opportuno, a persona idonea di provata prudenza ed esperienza; curerà di tutelare al meglio la riservatezza e la buona fama di tutte le persone coinvolte. Potrà affidare questa prima valutazione al *SRTM o al SITM/RDTM*. Restano fermi i vincoli posti a tutela del sigillo sacramentale.

6.2 Durante tale fase spetta al discernimento dell'Ordinario competente, valutato debitamente ogni singolo caso, la scelta di informare o meno il chierico delle accuse e di adottare nei confronti di quest'ultimo tutti i provvedimenti necessari affinché si eviti il rischio che i fatti delittuosi ipotizzati possano essere reiterati.

6.3 Nel suo discernimento il Vescovo o il Superiore competente terrà presente il primario interesse della sicurezza e tutela del minore. A tal fine, ferma restando la presunzione di innocenza dell'accusato fino alla condanna definitiva e la valutazione di ogni singolo caso concreto, il Vescovo o il Superiore competente, per prevenire gli scandali, tutelare la libertà dei testi e garantire il corso della giustizia, possono proibire all'accusato l'esercizio del ministero e di ogni attività pastorale con minori, allontanare l'accusato dal ministero sacro o da un ufficio e compito ecclesiastico, imporgli o proibirgli la dimora in un determinato luogo (cfr. cann. 1722 CIC e 1473 CCEO e art. 19 *Normae de delictis reservatis*).

6.4 I provvedimenti eventualmente adottati, stante la loro natura cautelare, venendo meno la causa, devono essere revocati con successivo decreto e, comunque, cessano *ipso iure* al termine del processo penale canonico.

6.5 A fronte del grave e concreto pericolo di reiterazione del presunto delitto, i provvedimenti canonici assunti potranno essere resi pubblici, fatte salve le procedure canoniche previste, soppesando il suddetto pericolo al diritto alla buona fama e alla riservatezza dei soggetti coinvolti e all'esigenza di segretezza per un più efficace svolgimento delle indagini. In ogni caso, prevale la tutela della sicurezza dei minori.

6.6 Qualora, verificata positivamente la

verosimiglianza della notizia di delitto, sia ritenuto assolutamente superfluo lo svolgimento dell'indagine previa, l'Ordinario potrà deferire il caso direttamente alla Congregazione per la Dottrina della Fede (cfr. cann. 1717, § 1 CIC e 1468 § 1 CCEO; *Normae de delictis reservatis*, art. 17).

6.7 Qualora, invece, escluda motivatamente la verosimiglianza della notizia di delitto (caso di «manifesta e comprovata infondatezza»), l'Ordinario competente potrà emettere un decreto di archiviazione, conservando la documentazione idonea a consentirgli di attestare, ove risultasse necessario, l'attività svolta e i motivi della decisione.

6.8 Nel caso in cui, constatata la verosimiglianza della *notitia criminis*, l'Ordinario competente, non ritenuta assolutamente superflua l'indagine previa, proceda al suo svolgimento osservando il disposto dei cann. 1717 CIC e 1468 CCEO. In particolare, qualora l'Ordinario competente non ritenga di dovervi procedere personalmente, nomini a tal fine un presbitero investigatore esperto in materia processuale e prudente nel discernimento, nonché un presbitero con funzioni di Notaio. L'indagine dovrà ricostruire: i fatti della condotta delittuosa, il numero e il tempo degli atti delittuosi, le generalità e l'età delle vittime, il danno arrecato, l'eventuale commistione con il foro sacramentale, gli eventuali altri delitti connessi, quantunque non riservati. Nel corso dell'indagine potranno essere raccolti documenti, testimonianze e informazioni, anche rogando il Vescovo o il Superiore di altre diocesi o comunità ove l'indagato abbia dimorato; dovrà essere ascoltata la vittima e raccolti tutti i documenti e provvedimenti dell'autorità civile, ove sussistenti. Se lo ritiene opportuno, il Vescovo o il Superiore competente potranno affidare l'indagine previa al *SRTM/SITM*, che agirà nel rispetto della normativa canonica, riferendo al Vescovo o al Superiore stesso.

6.9 In particolare, la formale assunzione della testimonianza del minore deve avvenire solo se determinante per l'accertamento del fatto e previo consenso scritto dei genitori o dei tutori legali. Nel caso, si proceda in un ambiente protetto e riservato, in perfetta osservanza delle metodologie e dei criteri di ascolto della presunta vittima di abuso sessuale, alla presenza di un professionista in possesso di competenze specifiche, relative alle condizioni psicologiche, cognitive ed emotive del soggetto debole. Il minore può sempre farsi assistere e supportare dai genitori o dal tutore legale o da altro soggetto di fiducia da lui stesso indicato. Anche in tale fase è prioritario il benessere del minore.

6.10 Delle attività svolte durante l'indagine previa dovrà essere conservata una completa documentazione nell'archivio segreto della curia, ai sensi dei cann. 1719 CIC e 1470 CCEO.

6.11 Terminata l'indagine previa, l'Ordinario competente la renderà nota alla Congregazione per la Dottrina della Fede, in base al disposto dell'art. 16 delle *Normae de delictis reservatis*, così che la stessa Congregazione possa assumere le decisioni conseguenti.

6.12 Di norma i *delicta graviora* devono essere perseguiti «per via giudiziale» (art. 21, § 1, delle

Normae de delictis reservatis). Agli Ordinari competenti è affidato - salvo il diritto della Congregazione per la Dottrina della Fede di avocare a sé la causa ex art. 16 delle *Normae de delictis reservatis* - il primo grado del processo penale, da compiere secondo le indicazioni del predetto Dicastero, il quale costituisce in ogni caso il Tribunale di seconda istanza. I Moderatori supremi degli Istituti religiosi e delle Società di vita apostolica clericali di diritto pontificio possono costituire un proprio Tribunale di primo grado.

6.13 È opportuno assicurare in ogni diocesi la presenza di chierici, particolarmente distinti per prudenza ed esperienza giuridica, che possano eventualmente essere chiamati a far parte di un Collegio giudicante. Salvo dispensa della Congregazione per la Dottrina della Fede, tutti i soggetti indicati devono essere sacerdoti provvisti almeno di licenza in diritto canonico.

6.14 Nel caso in cui la Congregazione per la Dottrina della Fede disponga di procedere per decreto extragiudiziale, il Vescovo o il Superiore competente dovrà nondimeno garantire in modo pieno al chierico accusato l'esercizio del diritto fondamentale alla difesa (cfr. cann. 1720 CIC e 1486 CCEO; *Normae de delictis reservatis*, art. 21).

6.15 Le sanzioni canoniche che possono essere inflitte nei confronti di un chierico riconosciuto colpevole dell'abuso sessuale di un minore sono generalmente di due tipi: 1) provvedimenti che possono essere accompagnati da un precetto penale, finalizzati a restringere il ministero pubblico in modo completo o almeno a escludere i contatti con minori.; 2) pene ecclesiastiche, fra cui la più grave è la dimissione dallo stato clericale.

6.16 Le pene perpetue non possono essere inflitte o dichiarate attraverso decreto extragiudiziale (can. 1342, § 2 CIC), salvo il caso in cui la Congregazione per la Dottrina della Fede abbia previamente autorizzato in tal senso l'autorità ecclesiastica incaricata tramite mandato ex art. 21, § 2, 1° delle *Normae de delictis reservatis*. In mancanza del predetto mandato, il Vescovo o il Superiore dovranno a tal fine rivolgersi alla Congregazione per la Dottrina della Fede, che potrà anche far uso del potere di deferimento della decisione al Sommo Pontefice, secondo la previsione dell'art. 21, § 2, 2° delle *Normae de delictis reservatis*. La Congregazione per la Dottrina della Fede ha anche la facoltà di portare direttamente davanti al Santo Padre i casi più gravi per la dimissione *ex officio*. L'accusato ha sempre la facoltà di presentare liberamente al Santo Padre la domanda per la dispensa dagli obblighi sacerdotali o religiosi.

6.17 Ferma restando la competenza della Congregazione per la Dottrina della Fede, la procedura relativa ai singoli casi spetta di regola all'Ordinario del luogo ove i fatti sono stati commessi oppure all'Ordinario religioso.

6.18 Nel caso in cui l'azione penale sia palesemente prescritta, il Vescovo o il Superiore competente, fatto salvo quanto previsto dall'art. 7 *Normae de delictis reservatis,* potranno adottare provvedimenti per la tutela dei minori, sentita la Congregazione per la

Dottrina della Fede.

7. L'ACCOMPAGNAMENTO DEGLI ABUSATORI

7.1 Ribadito con forza che occorre agire con assoluta determinazione per fermare le persone abusanti secondo le leggi vigenti e le disposizioni canoniche, il chierico colpevole di questi gravi abusi, compreso quello dimesso dallo stato clericale, non deve essere lasciato solo, ma accompagnato nel suo cammino di responsabilizzazione, richiesta di perdono e riconciliazione, riparazione, cura psicologica e sostegno spirituale.

7.2 La responsabilità della commissione di un delitto sessuale è personale. La condanna definitiva per abuso sessuale impone al reo una giusta pena e la riparazione del danno cagionato.

7.3 L'abuso in ambito ecclesiale, soprattutto se commesso da un chierico, ferisce e danneggia l'intera comunità ecclesiale nella sua credibilità e affidabilità.

8. RAPPORTI CON LE AUTORITÀ CIVILI

8.1 Nel rispetto della reciproca autonomia degli ordinamenti ecclesiastico e civile, nonché della normativa canonica, civile e concordataria, si intende fornire una significativa collaborazione con l'autorità giudiziaria dello Stato nell'accertamento del fatto, nell'ottica della comune ricerca del bene dei soggetti deboli, della verità e della riparazione della giustizia, se lesa.

8.2 L'autorità ecclesiastica, benché non abbia l'obbligo giuridico di denunciare all'autorità giudiziaria le notizie ricevute di presunti abusi su minori (in quanto non riveste la qualifica di pubblico ufficiale né di incaricato di pubblico servizio), ogniqualvolta riceva una segnalazione di un presunto abuso sessuale commesso da un chierico, in ambito ecclesiale, nei confronti di un minore di età, informi l'autore della segnalazione e il genitore o il tutore legale della presunta vittima che quanto appreso potrà essere trasmesso, in forma di esposto, alla competente autorità giudiziaria dello Stato.

A tal fine l'autorità ecclesiastica richieda all'autore della segnalazione di formalizzare per iscritto la *notitia criminis* portata alla sua attenzione, perché detta comunicazione, in presenza di reato perseguibile per la legge dello Stato, possa costituire la base dell'esposto all'autorità giudiziaria.

L'autorità ecclesiastica ha l'obbligo morale di procedere all'inoltro dell'esposto all'autorità civile qualora, dopo il sollecito espletamento dell'indagine previa, sia accertata la sussistenza del *fumus delicti*.

L'autorità ecclesiastica non procederà a presentare l'esposto nel caso di espressa opposizione, debitamente documentata e ragionevolmente giustificata, da parte della vittima (se nel frattempo divenuta maggiorenne), dei suoi genitori o dei tutori legali, fatto salvo sempre il prioritario interesse del minorenne.

8.3 Anche qualora non risulti in atto un procedimento penale da parte dello Stato (ricomprendendosi in esso anche la fase delle indagini preliminari), il Vescovo o il Superiore competente dovranno ugualmente attivare la procedura canonica senza ritardo ove abbiano avuto notizia di possibili abusi, procedendo al giudizio di verosimiglianza e, se necessario, all'indagine previa e all'adozione degli opportuni provvedimenti cautelari.

8.4 Nel caso in cui per gli illeciti in oggetto siano in atto indagini o sia aperto un procedimento penale secondo il diritto dello Stato, risulterà importante la cooperazione del Vescovo o del Superiore con le autorità civili, nell'ambito delle rispettive competenze e nel rispetto della normativa canonica, concordataria e civile. Una volta adottate le misure cautelari canoniche ritenute necessarie, il Vescovo o il Superiore competente potranno valutare l'opportunità di sospendere le attività di indagine canonica per evitare inutili sovrapposizioni.

8.5 Il Vescovo o il Superiore competente potrà far riferimento ad atti o conclusioni definitive o non definitive del procedimento statale, senza che questo gli impedisca o lo esoneri da una propria valutazione, ai sensi della legge canonica.

8.6 Nel caso in cui sia aperta una procedura civile, in assenza di grave causa contraria, nell'ambito delle relative competenze e nel rigoroso rispetto della normativa canonica, concordataria e civile, il Vescovo o il Superiore maggiore sono tenuti a dare la massima collaborazione all'autorità statale.

9. FALSE ACCUSE

Le false accuse ledono gravemente la buona fama e l'onorabilità della persona accusata e dell'intera comunità ecclesiale e possono essere punite, fatte salve le azioni previste dall'ordinamento civile, con una giusta pena, non esclusa la censura (cfr. cann. 1390 § 2 e 1452 CCEO).

La persona falsamente accusata di avere compiuto abusi ha il diritto di vedere tutelata e ripristinata la sua buona fama e onorabilità.

Il Vescovo o il Superiore competente hanno il dovere di tutelare la comunità ristabilendo la verità.

10. INFORMAZIONE E COMUNICAZIONE

10.1 La Chiesa intende contribuire a diffondere una cultura della protezione attraverso un serio impegno nella comunicazione con iniziative di informazione e formazione che fanno capo a persone, gruppi e uffici responsabili.

10.2 A tale scopo, avvalendosi di personale competente e tecnologie adeguate, il *SRTM/SITM/RDTM* offre a tutti coloro che sono interessati la possibilità di usufruire di strumenti formativi e informativi che possano essere facilmente accessibili. Utile, a tal scopo, un sito del *SRTM/SITM/RDTM* o uno spazio sul sito diocesano, facilmente identificabile e raggiungibile: aggiornato sistematicamente, può diventare il riferimento autorevole a cui rimandare, indicando le persone a cui rivolgersi e le procedure da seguire.

10.3 È importante che la comunità ecclesiale, nelle modalità più opportune, sia informata e resa consapevole di ciò che avviene in essa e che necessariamente la coinvolge; deve, inoltre, essere motivata per divenire protagonista dell'azione di prevenzione e protezione al suo interno e nella società.

10.4 Ogni *SRTM/SITM* deve disporre di un portavoce ufficiale, così come è bene che anche in ogni Diocesi e Istituto di vita consacrata e Società di vita apostolica la comunicazione venga affidata a un portavoce ufficiale (normalmente il responsabile dell'Ufficio di comunicazione della Diocesi, dell'Istituto e della Società o dell'Istituzione interessata), in modo da evitare una moltiplicazione di voci distinte o divergenti, che potrebbe essere causa di confusione e disorientamento.

10.5 La stessa istituzione ecclesiale, nel rispetto della legge canonica, deve diventare protagonista della comunicazione, assumendola con convinzione, attenta a rispondere alle legittime domande di informazioni, senza ritardi o silenzi incomprensibili.

11. SERVIZI ECCLESIALI A TUTELA DEI MINORI

Sono costituiti, con propri regolamenti, i seguenti Servizi e Referenti:

- il Servizio Nazionale per la Tutela dei Minori;
- il Servizio Regionale/Interdiocesano per la Tutela dei Minori;
- i Referenti Diocesani per la Tutela dei Minori.

12. STRUMENTI DI VERIFICA

12.1 Il *SNTM* appronterà un sistema di verifica circa l'osservanza delle presenti Linee guida e di valutazione della loro efficacia.

12.2 Ogni anno, in occasione di un incontro dei Vescovi della regione ecclesiastica, si condividerà e si renderà ragione di quanto fatto in ogni diocesi per favorire e implementare la tutela dei minori e la prevenzione degli abusi. All'incontro sarà opportuna la presenza anche dei coordinatori dei Servizi Regionali o Interdiocesani Tutela Minori.

13. OPERATIVITA', AGGIORNAMENTO E REVISIONE DELLE LINEE GUIDA

13.1 Le presenti Linee guida diverranno operative dal giorno della pubblicazione sul sito della CEI.

13.2 Al *SNTM* compete di curare la stesura e la pubblicazione degli strumenti applicativi delle presenti Linee guida.

13.3 Gli eventuali strumenti applicativi delle Linee guida vengono approvati dal Consiglio Permanente della CEI.

13.4 La revisione delle Linee guida è di competenza dell'Assemblea Generale dei Vescovi.